CÓCTELES

CÓCTELES

CLÁSICOS Y CONTEMPORÁNEOS

PaRragon

Bath New York Singapore Hong Kong Cologne Delhi Melbourne

medidas utilizadas en las recetas de cócteles

Medir las cantidades es una de las claves para preparar un buen cóctel. La *medida* unitaria estándar que utilizamos en este libro es de 25-30 ml. Puede comprar medidas o dosificadores de acero inoxidable para 1, 2 y ½ dosis en la mayoría de supermercados y ferreterías. De todos modos, tal y como haría cualquier buen barman, puede utilizar su propia medida, siempre y cuando siga las proporciones que se indican en las recetas. Un vaso pequeño o incluso una huevera pueden servir como medida básica.

Un *golpe* equivale a cuatro o cinco gotas, o entre 1 y 2 ml, cantidad suficiente para dar un poco de sabor o color a su bebida.

contenido

introducción

Los cócteles se han convertido en la bebida del momento. Constituyen una invitación a combinar la diversión con la creatividad, sin olvidarnos de su perdurable aura de glamour que pervive desde los locos años veinte y treinta. Ahora podríamos dirigirnos al bar de moda de la ciudad (probablemente inspirado en el mítico «Harry's Bar») y degustar la última creación importada de Nueva York. O visitar el bar tradicional con más clase –el Savoy de Londres o el del Hotel Algonquin, en Manhattan, son inigualables– y pedir el clásico cóctel de todos los tiempos: un Dry Martini.

Los orígenes

El origen de la palabra «cóctel», del inglés *cocktail,* es incierto, si bien existen varias teorías al respecto. Una de ellas afirma que una princesa mexicana llamada Xoctl ofreció una bebida mixta a un americano que estaba de visita en la corte de su padre, y éste confundió el nombre de la princesa con el de la propia bebida. Otra teoría defiende que el nombre proviene de la expresión inglesa *cock-tailed* (cola tiesa o cola de gallo), que en la jerga de los corredores de caballos estadounidenses, en los siglos XVIII y XIX, designaba a un caballo de media sangre. Las colas de estos animales siempre estaban levantadas, lo que les confería una apariencia similar a la de la cola de un gallo. Existen muchas otras versiones fantasiosas, pero los etimólogos actuales parecen concluir que la palabra deriva de *coquetel,* una bebida francesa elaborada a base de vino.

Una noble y larga historia

Sea cual sea el origen de la palabra, los combinados existen desde la antigüedad. El primer cóctel documentado data del siglo XVI y algunas de las recetas clásicas se preparan desde hace mucho tiempo, como por ejemplo el *Old fashioned,* un combinado de bourbon que apareció hacia finales del siglo XVIII. Se sabe que la palabra «cóctel» ya se utilizaba en Estados Unidos en 1809. Treinta y cinco años más tarde, Charles Dickens describía a uno de sus personajes, el mayor Hawkins, como alguien capaz de ingerir «más cócteles que cualquier otro caballero conocido». Apreciados por la alta sociedad americana, los cócteles se servían antes de la cena en los hogares y hoteles más exclusivos hasta que, durante la Primera Guerra Mundial, pasaron de moda. Desde entonces, su popularidad ha sido fluctuante.

Los años del jazz

Después de la guerra, los jóvenes en busca de nuevas experiencias, placeres, estímulos y estilos inéditos, se aficionaron a una nueva gama de cócteles. Resulta irónico que justo entonces, en la década de los veinte, la «ley seca» norteamericana prohibiera la fabricación, venta, transporte, importación o exportación de cualquier tipo de licor. En poco tiempo, las bebidas alcohólicas producidas ilegalmente pasaron a formar parte de la vida cotidiana y eran consumidas en tabernas clandestinas y clubes rebosantes de humo. Con frecuencia, estas bebidas alcohólicas ilegales tenían un sabor repugnante y resultaban tóxicas, por lo que se optó por disfrazar su sabor mediante zumos de fruta y bebidas carbonatadas. Sin duda, los riesgos de beber los ilícitos cócteles alcohólicos espolearon la fascinación de los jóvenes de la época por esos brebajes. La fiebre de los cócteles cruzó rápidamente el Atlántico y se extendió entre los mejores hoteles de Londres, París y Montecarlo, donde la ginebra y el whisky eran de mejor calidad. Muy pronto, estos establecimientos dispusieron de sus propias coctelerías.

El regreso de los cócteles

La Segunda Guerra Mundial puso fin a tanta frivolidad, y los cócteles, aunque su consumo no cesó, dejaron de estar de moda durante décadas, hasta su ostentoso renacimiento en los años setenta. Nacía así una nueva generación de recetas que a menudo incluía bebidas más modernas, como el ron blanco, el vodka y el tequila (que en aquel momento empezaba a importarse desde México). Sin embargo, la popularidad de los cócteles volvería a disminuir para recuperarse más tarde. Hoy día, la coctelera se ha vuelto a convertir en un accesorio imprescindible para cualquier bar de moda.

Preparar un cóctel perfecto no es cuestión de magia, sino simplemente de mezclar los ingredientes prescritos a la temperatura adecuada y en el orden correcto, y después servir el delicioso resultado en el vaso apropiado y darle un toque original.

clásicos sofisticados

tom collins

3 medidas de ginebra
2 medidas de zumo de limón
½ medida de jarabe
de azúcar
4-6 cubitos de hielo picados
soda
1 rodaja de limón,
para decorar

PARA 1 PERSONA

Esta refrescante bebida larga es también
un clásico, que ha servido de inspiración a
diversas generaciones de cócteles «Collins»,
de fama mundial.

1 Agite enérgicamente la ginebra, el zumo de
limón y el jarabe de azúcar con el hielo hasta
que se condense agua en el exterior de la
coctelera.
2 Vierta en un vaso alto bien frío y rellene con
soda.
3 Decore con la rodaja de limón.

singapore sling

2 medidas de ginebra
1 medida de aguardiente
de cereza
1 medida de zumo de limón
1 cucharadita de granadina
4-6 cubitos de hielo picados
soda
piel de lima y guindas,
para decorar

PARA 1 PERSONA

En las colonias del Imperio Británico, las clases acomodadas se reunían al fresco de la tarde en clubes exclusivos para cotillear acerca de los sucesos de la jornada. Esos días ya pasaron a la historia, si bien un *Singapore Sling* sigue siendo el remedio más eficaz contra la sed en las calurosas tardes de verano.

1 Agite enérgicamente la ginebra, el aguardiente, el zumo de limón y la granadina con el hielo hasta que se condense agua en el exterior de la coctelera.
2 Llene hasta la mitad un vaso tipo *highball* bien frío con hielo y vierta el cóctel.
3 Rellene con soda y decore con la piel de lima y las guindas.

cóctel de absenta

1 medida de ginebra
1 medida de Pernod
1 golpe de angostura
1 golpe de jarabe de azúcar
4-6 cubitos de hielo picados

PARA 1 PERSONA

La absenta, un digestivo elaborado a partir del ajenjo, fue base de muchos cócteles, pero dejó de producirse en 1915, cuando se prohibió porque se creía que al combinarla con otras bebidas alcohólicas producía daños cerebrales. Si lo desea, puede sustituirla por cualquier pastis, como el Pernod o el Ricard.

1 Agite enérgicamente todos los ingredientes con el hielo hasta que se condense agua en el exterior de la coctelera.
2 Sirva en un vaso o copa medianos bien fríos.

pimm's no.1

hielo
1 medida de Pimm's Nº 1
limonada
tiras de cáscara de pepino,
ramitas de menta o borraja
rodajas de naranja y limón,
para decorar

PARA 1 PERSONA

El *Pimm's Nº 1* es una deliciosa bebida larga, seca y afrutada que contiene ginebra y hierbas. Su inventor fue James Pimm, un célebre cocinero londinense de finales del siglo XIX. Es posible que el *Gin Sling* original fuera idéntico a éste.

1 Llene con hielo las dos terceras partes de un vaso grande bien frío y agregue el Pimm's.
2 Rellene con limonada y remueva suavemente.
3 Decore con la cáscara de pepino, la ramita de menta fresca y las rodajas de naranja y limón.

club

4-6 cubitos de hielo picados
1 golpe de chartreuse amarillo
2 medidas de ginebra
1 medida de vermut dulce

PARA 1 PERSONA

Groucho Marx afirmaba que nunca pertenecería a un club que aceptara como socio a alguien como él. En cambio, entre los numerosos afiliados de este *Club* nunca se han producido bajas.

1 Ponga el hielo picado en un vaso mezclador.
2 Agregue el chartreuse amarillo, la ginebra y el vermut. Remueva bien.
3 Sirva en una copa de cóctel bien fría.

dubarry

4-6 cubitos de hielo picados
1 golpe de Pernod
1 golpe de angostura
2 medidas de ginebra
1 medida de vermut seco
1 espiral de piel de limón,
para decorar

PARA 1 PERSONA

La condesa Du Barry, amante del rey Luis XV de Francia, era célebre por su extraordinaria belleza. Así como la guillotina puso fin a su vida de manera abrupta, usted deberá tener cuidado de no perder la cabeza cuando pruebe esta deliciosa bebida.

1 Ponga el hielo picado en un vaso mezclador con el Pernod y la angostura.
2 Agregue la ginebra y el vermut al vaso mezclador. Remueva bien.
3 Sirva en una copa de cóctel bien fría y decore con la espiral de piel de limón.

charleston

¼ de medida de ginebra
¼ de medida de vermut seco
¼ de medida de vermut dulce
¼ de medida de Cointreau
¼ de medida de kirsch
¼ de medida de marrasquino
hielo
1 espiral de piel de limón,
para decorar

PARA 1 PERSONA

Este cóctel combina una multitud de sabores y aromas, que lo hacen muy alegre. No lo prepare si tiene mucha sed, ¡puede que acabe bebiendo demasiado!

1 Agite bien con el hielo todos los ingredientes menos el limón y sirva en una copa de cóctel pequeña bien fría.
2 Decore con la espiral de piel de limón.

rolls royce

4-6 cubitos de hielo picados
1 golpe de amargo de naranja
2 medidas de vermut seco
1 medida de ginebra seca
1 medida de whisky escocés

PARA 1 PERSONA

No resulta demasiado sorprendente que varios cócteles deban su nombre a la lujosa marca de automóviles inglesa. Esta versión es una creación del escritor H. E. Bates, tomada de su novela *Delicia de mayo*.

1 Ponga el hielo picado en un vaso mezclador y agregue el amargo de naranja.
2 Añada el vermut, la ginebra y el whisky, y remueva bien.
3 Sirva en una copa de cóctel bien fría.

bronx

4-6 cubitos de hielo picados
2 medidas de ginebra
1 medida de zumo de naranja
½ medida de vermut seco
½ medida de vermut dulce

PARA 1 PERSONA

Al igual que la isla de Manhattan, el barrio neoyorquino del Bronx (así como el río homónimo) ha sido inmortalizado en los bares de cócteles de todo el mundo.

1 Ponga el hielo picado en un vaso mezclador.
2 Agregue todos los ingredientes con el hielo en el vaso. Remueva bien.
3 Sirva en una copa de cóctel bien fría.

alexander

4-6 cubitos de hielo picados
1 medida de ginebra
1 medida de crema de cacao
1 medida de nata líquida
nuez moscada recién molida,
para decorar

PARA 1 PERSONA

Una cremosa bebida a base de ginebra, con sabor a chocolate y cubierta con nuez moscada molida, que lidera una extensa familia de cócteles que sigue creciendo.

1 Ponga el hielo picado en una coctelera.
2 Agregue y agite enérgicamente todos los ingredientes con el hielo hasta que se condense agua en el exterior de la coctelera.
3 Sirva en una copa de cóctel bien fría y espolvoree un poco de nuez moscada por encima.

azahar

4-6 cubitos de hielo picados
2 medidas de ginebra
2 medidas de zumo
de naranja
1 rodaja de naranja,
para decorar

PARA 1 PERSONA

Durante los años de la «ley seca» en Estados Unidos, la ginebra se producía literalmente en bañeras caseras, y posteriormente se le solía agregar zumo de naranja fresco con el fin de disimular su pésimo sabor. Elaborado con ginebra de primera calidad, este combinado resulta delicioso y refrescante.

1 Ponga el hielo picado en una coctelera.
2 Agregue y agite enérgicamente la ginebra y el zumo de naranja con el hielo hasta que se condense agua en el exterior de la coctelera.
3 Sirva en una copa de cóctel bien fría y decore con la rodaja de naranja.

dama blanca

2 medidas de ginebra
1 medida de triple seco
1 medida de zumo de limón
4-6 cubitos de hielo picados

PARA 1 PERSONA

Simple, elegante, sutil y mucho más potente de lo que aparenta, éste es el combinado más indicado para servir en una cena veraniega al aire libre.

1 Agite enérgicamente la ginebra, el triple seco y el zumo de limón con el hielo hasta que se condense agua en el exterior de la coctelera.
2 Sirva en una copa de cóctel bien fría.

gin rickey

4-6 cubitos de hielo picados
2 medidas de ginebra
1 medida de zumo de lima
soda
una rodaja de limón,
para decorar

PARA 1 PERSONA

La versión clásica de este cóctel requiere ginebra, pero también lo puede probar con otros espirituosos, mezclados con zumo de limón o de lima y soda, sin edulcorantes.

1 Ponga el hielo picado en un vaso alto tipo *highball* bien frío.
2 Agregue la ginebra y el zumo de lima. Rellene con soda.
3 Mezcle suavemente y decore con la rodaja de limón .

el rubor de la doncella

4-6 cubitos de hielo picados
2 medidas de ginebra
½ cucharadita de triple seco
½ cucharadita de granadina
½ cucharadita de zumo
de limón

PARA 1 PERSONA

El nombre de este cóctel describe acertadamente su bello color. Pero si abusan de él, las doncellas corren el riesgo de perder su proverbial recato, y de ruborizarse por ello al día siguiente.

1 Ponga el hielo picado en una coctelera.
2 Agregue y agite enérgicamente la ginebra, el triple seco, la granadina y el zumo de limón con el hielo hasta que se condense agua en el exterior de la coctelera.
3 Sirva en una copa de cóctel o en un vaso tipo *highball* pequeño, bien fríos.

daisy

3 medidas de ginebra
1 medida de zumo de limón
1 cucharada de granadina
1 cucharadita de jarabe
de azúcar
4-6 cubitos de hielo picados
soda
1 rodaja de naranja,
para decorar

PARA 1 PERSONA

El *Daisy* es un cóctel largo y dulce, edulcorado con jarabe de frutas, que contiene una alta proporción de alcohol. Su nombre quizá proviene del antiguo argot, ya en desuso, en el que la palabra «daisy» equivalía a algo especial o excepcional.

1 Agite enérgicamente la ginebra, el zumo de limón, la granadina y el jarabe de azúcar con el hielo hasta que se condense agua en el exterior de la coctelera.

2 Sirva en un vaso tipo *highball* bien frío y rellene con soda.

3 Remueva suavemente y decore con la rodaja de naranja.

gin sling

1 terrón de azúcar
1 medida de ginebra seca
nuez moscada recién rallada
1 rodaja de limón,
para decorar

PARA 1 PERSONA

Aunque haya quien afirme que el *Gin Sling* original se bebía caliente, muchas de sus variaciones frías también resultan deliciosas y refrescantes.

1 En un vaso tipo *old-fashioned,* disuelva el azúcar en 150 ml de agua caliente.
2 Agregue la ginebra, espolvoree con nuez moscada y decore con la rodaja de limón.

martini

3 medidas de ginebra
1 cucharadita de vermut
seco, o al gusto
4-6 cubitos de hielo picados
1 aceituna rellena,
para decorar

PARA 1 PERSONA

Muchos consideran que el *Martini* es el cóctel perfecto. Debe su nombre a su creador, Martini de Anna de Toggia, y no a la célebre marca de vermut.

1 Remueva bien la ginebra y el vermut con el hielo en un vaso mezclador.
2 Sirva en una copa de cóctel bien fría y decore con la aceituna.

dry martini

1 medida de ginebra
London Dry
1 golpe de vermut seco
1 aceituna o 1 espiral
de piel de limón,
para decorar

PARA 1 PERSONA

Al contrario que el clásico *Martini,* este combinado contiene muy poco vermut.
¡Un purista se limitaría a balancear la botella de vermut encima de la copa!

1 Ponga la ginebra y el vermut en un vaso mezclador con el hielo.
2 Remueva y sirva en una copa de cóctel.
3 Decore con la aceituna o con la espiral de piel de limón.

pink gin

1 medida de ginebra
de Plymouth
unas gotas de angostura
1 medida de agua helada
1 cereza marrasquino,
para decorar

PARA 1 PERSONA

Aunque parezca increíble, el *Pink Gin* fue adoptado como remedio medicinal por la Armada Británica, pues originalmente se empleaba como antídoto contra los dolores estomacales.

1 Remueva los tres primeros ingredientes en un vaso mezclador.
2 Sirva en una copa de cóctel y decore con la cereza marrasquino.

negroni

4-6 cubitos de hielo picados
1 medida de ginebra
1 medida de Campari
½ medida de vermut dulce
1 espiral de piel de naranja,
para decorar

PARA 1 PERSONA

Este aristocrático cóctel fue inventado por el conde Negroni en el bar Giacosa de Florencia, aunque desde entonces han variado las proporciones de ginebra y Campari.

1 Ponga el hielo picado en un vaso mezclador.
2 Añada la ginebra, el Campari y el vermut, y remueva bien.
3 Sirva en un vaso bien frío y decore con la espiral de naranja.

metropolitan

2 medidas de vodka
1 medida de triple seco
1 medida de zumo de lima
recién exprimido
1 medida de zumo de
arándanos
1 tira de piel de naranja,
para decorar

PARA 1 PERSONA

Este clásico contemporáneo, que se ha popularizado gracias a la serie televisiva *Sexo en Nueva York,* es la bebida ideal para una fiesta que se considere «a la última moda».

1 Agite bien todos los ingredientes con el hielo hasta que se condense agua en el exterior de la coctelera.
2 Sirva en una copa de cóctel bien fría.
3 Decore con la tira de piel de naranja.

destornillador

4-6 cubitos de hielo picados
2 medidas de vodka
zumo de naranja
1 rodaja de naranja

PARA 1 PERSONA

Prepare siempre este refrescante cóctel con zumo de naranja recién exprimido, pues no resulta igual de bueno si emplea zumo envasado. Esta sencilla y clásica bebida ha dado lugar a numerosas variaciones, algunas de ellas muy elaboradas.

1 Llene un vaso tipo *highball* bien frío con el hielo.
2 Agregue el vodka y rellene con el zumo de naranja.
3 Remueva bien y decore con la rodaja de naranja.

fuzzy navel

2 medidas de vodka
1 medida de schnapps
de melocotón
250 ml de zumo de naranja
4-6 cubitos de hielo picados
1 alquequenje

PARA 1 PERSONA

Complemente esta mezcla de sabores frutales y alcoholes con una decoración exótica que atraiga todas las miradas. El alquequenje es una fruta procedente del Perú, de aspecto atractivo y alto valor nutritivo (contiene más vitamina C que los limones).

1 Agite enérgicamente el vodka, el schnapps de melocotón y el zumo de naranja con el hielo hasta que se condense agua en el exterior de la coctelera.
2 Sirva en una copa de cóctel bien fría y decore con el alquequenje.

perro salado

1 cucharada de azúcar
granulado
1 cucharada de sal gruesa
1 gajo de lima
6-8 cubitos de hielo picados
2 medidas de vodka
zumo de pomelo

PARA 1 PERSONA

Cuando este cóctel hizo su aparición, los combinados de ginebra se encontraban en auge. En cambio, hoy día, se suele preparar con vodka. Elija la alternativa que desee, pero no olvide que su sabor será distinto en cada caso.

1 Mezcle el azúcar y la sal en un plato llano.
2 Frote el borde de un vaso tipo *Collins* bien frío con el gajo de lima y escárchelo con la mezcla de azúcar y sal.
3 Agregue el hielo al vaso y a continuación, el vodka.
4 Rellene con el zumo de pomelo, remueva y sirva. Beba con una pajita.

kamikaze

1 medida de vodka
1 medida de triple seco
½ medida de zumo de lima
recién exprimido
½ medida de zumo de limón
recién exprimido
hielo
vino blanco seco, bien frío
1 rodaja de lima y otra de
pepino, para decorar

PARA 1 PERSONA

Con este combinado no hay vuelta atrás.
Es tan delicioso que no podrá dejar de beberlo.

1 Agite los cuatro primeros ingredientes con el
hielo hasta que se condense agua en el exterior
de la coctelera.
2 Sirva en una copa bien fría y rellene con vino.
3 Decore con las rodajas de lima y pepino.

mula de moscú

2 medidas de vodka
1 medida de zumo de lima
4-6 cubitos de hielo picados
cerveza de jengibre
1 rodaja de lima, para decorar

PARA 1 PERSONA

En los años treinta, un norteamericano
propietario de un bar disponía de un exceso
de cerveza de jengibre, y el comercial de una
compañía de bebidas gaseosas inventó el cóctel
para ayudarlo a acelerar su consumición.

1 Agite enérgicamente el vodka y el zumo de
lima con el hielo hasta que se condense agua
en el exterior de la coctelera.
2 Llene hasta la mitad un vaso tipo *highball* bien
frío con hielo y vierta el cóctel.
3 Rellene con cerveza de jengibre y decore con
la rodaja de lima.

ruso negro

2 medidas de vodka
1 medida de licor de café
4-6 cubitos de hielo picado

PARA 1 PERSONA

La historia sólo menciona el «ruso blanco»
y el «ruso rojo». Es una verdadera lástima
que se omita el «ruso negro». Prepare estos
cócteles con un licor de café como Tia Maria
o Kahlua, dependiendo de su gusto personal:
el último es más dulce.

1 Vierta el vodka y el licor de café en un vaso
pequeño tipo *highball* bien frío lleno de hielo
picado.
2 Remueva despacio.

harvey wallbanger

cubitos de hielo
3 medidas de vodka
1 golpe de vino de jengibre,
opcional
8 medidas de zumo de naranja
2 cucharaditas de galliano
1 cereza y 1 rodaja de
naranja, para decorar

PARA 1 PERSONA

Este clásico resulta espectacular en una fiesta. Hágalo fuerte al principio, alárguelo en el transcurso de la noche... o prepárelo también sin alcohol para quienes tengan que conducir... ¡Satisfará a todos por igual!

1 Llene un vaso tipo *highball* de hielo hasta la mitad. Añada el vodka, el zumo de naranja y el galliano. No lo remueva. (Añada vino de jengibre junto con el vodka para hacerlo más reconfortante.)
2 Decore con la cereza y la rodaja de naranja.

bloody mary

1 golpe de salsa
Worcestershire
1 golpe de tabasco
hielo picado
2 medidas de vodka
1 golpe de jerez seco
6 medidas de zumo de tomate
el zumo de ½ limón
1 pizca de sal de apio
1 pizca de cayena molida
1 tallo de apio con hojas
1 rodaja de limón

PARA 1 PERSONA

Este clásico cóctel fue concebido en 1921 en el legendario Harry's Bar de París. Existen numerosas versiones, algunas más picantes y condimentadas que otras. Los ingredientes pueden incluir salsa de rábano además o en lugar del tabasco.

1 Ponga la salsa Worcestershire y el tabasco con el hielo en una coctelera. Añada el vodka, el golpe de jerez seco, el zumo de tomate y el de limón.
2 Agite enérgicamente hasta que se condense agua en el exterior de la coctelera.
3 Sirva en un vaso alto y bien frío, añada una pizca de sal de apio y una pizca de cayena molida y decore con un tallo de apio sin deshojar y una rodaja de limón.

long island iced tea

2 medidas de vodka
1 medida de ginebra
1 medida de tequila blanco
1 medida de ron blanco
½ medida de crema de
menta blanca
2 medidas de zumo de limón
1 cucharadita de jarabe
de azúcar
hielo picado
cola
1 gajo de lima o de limón,
para decorar

PARA 1 PERSONA

Este combinado de nombre irónico se bebía en taza durante los días de la «ley seca», con la ingenua intención de birlar la vigilancia del FBI. Su versión primigenia consistía apenas en la combinación de vodka con un golpe de cola.

1 Agite enérgicamente el vodka, la ginebra, el tequila, el ron, la crema de menta, el zumo de limón y el jarabe de azúcar con el hielo hasta que se condense agua en el exterior de la coctelera.
2 Sirva en un vaso tipo *highball* lleno de hielo y rellene con cola.
3 Decore con un gajo de lima o limón.

clavo oxidado

4-6 cubitos de hielo picados
1 medida de whisky escocés
1 medida de Drambuie

PARA 1 PERSONA

Uno de los grandes cócteles clásicos, muy sencillo de preparar. Siempre debe servirse *on the rocks*.

1 Llene un vaso tipo *old-fashioned* de hielo.
2 Agregue el whisky y el Drambuie, y remueva bien.

old fashioned

1 terrón de azúcar
1 golpe de angostura
1 cucharadita de agua
2 medidas de bourbon o
whisky de centeno (rye)
4-6 cubitos de hielo picados
1 espiral de piel de limón,
para decorar

PARA 1 PERSONA

Este cóctel, que significa «chapado a la antigua», es tan universal que el vaso achatado en el que se le suele servir ha pasado a denominarse del mismo modo.

1 Ponga el terrón de azúcar en un vaso tipo *old-fashioned* bien frío y añada la angostura y el agua. Cháfelo con una cuchara.
2 Cuando el azúcar se haya disuelto, agregue el bourbon o el whisky, y remueva. Incorpore el hielo y decore con la espiral de piel de limón.

whisky mac

1½ medidas de whisky
escocés
1 medida de vino
de jengibre

PARA 1 PERSONA

Este cóctel clásico se consume como bebida de invierno, que calienta a quien la bebe, de modo que no caiga en la tentación de añadirle hielo.

1 Sirva los ingredientes con cuidado en un vaso tipo *old-fashioned*. Deje que se mezclen por sí solos, no remueva.

sangre y arena

1 medida de whisky
escocés
1 medida de aguardiente
de cereza
1 medida de vermut rojo
hielo
zumo de naranja

PARA 1 PERSONA

Puede preparar este cóctel con cualquier aguardiente, aunque el de cereza le confiere un intenso sabor frutal.

1 Agite los tres primeros ingredientes con el hielo hasta que se condense agua en el exterior de la coctelera.
2 Sirva en un vaso de tamaño medio y rellene con zumo de naranja.

manhattan

4-6 cubitos de hielo picados
1 golpe de angostura
3 medidas de whisky
de centeno (rye)
1 medida de vermut dulce
1 guinda, para decorar

PARA 1 PERSONA

Según se dice, fue Jennie Jerome, la madre de Winston Churchill, quien ideó este cóctel, uno de tantos bautizados con nombres relativos a Nueva York.

1 Remueva bien todos los licores con el hielo en un vaso mezclador.
2 Sirva en una copa bien fría y decore con la guinda.

whiskey sour

4-6 cubitos de hielo picados
2 medidas de whisky
«American blended»
1 medida de zumo de limón
1 cucharadita de azúcar
lustre o de jarabe de goma
1 rodaja de limón o de lima
1 cereza marrasquino,
para decorar

PARA 1 PERSONA

Para este clásico, originario del sur de Estados Unidos, puede emplear vodka, ginebra y otras bebidas en lugar del whisky americano.

1 Ponga el hielo picado en una coctelera.
2 Agite bien los tres primeros ingredientes con el hielo y sirva en una copa de cóctel.
3 Decore con la rodaja de limón o de lima y la cereza.

julepe de menta

las hojas de 1 ramita de
menta fresca
1 cucharada de jarabe
de azúcar
6-8 cubitos de hielo picados
3 medidas de bourbon
1 ramita de menta fresca,
para decorar

PARA 1 PERSONA

Los julepes son combinados que se endulzan
con jarabe. Probablemente se empezaron a
elaborar en Estados Unidos, y se han convertido
en la bebida oficial del Derby de Kentucky.

1 Ponga las hojas de menta y el jarabe de
azúcar en un vaso pequeño bien frío y májelas
con una cucharilla. Añada hielo picado hasta
llenar el vaso y luego agregue el bourbon.
2 Decore con la ramita de menta.

zombi

4-6 cubitos de hielo picados
2 medidas de ron negro
2 medidas de ron blanco
1 medida de ron dorado
1 medida de triple seco
1 medida de zumo de lima
1 medida de zumo de naranja
1 medida de zumo de piña
1 medida de zumo de guayaba
1 cucharada de granadina
1 cucharada de orgeat
1 cucharadita de Pernod
1 ramita de menta fresca y
rodajas de piña, para decorar

PARA 1 PERSONA

Los licores y zumos de fruta empleados en este cóctel varían considerablemente según la receta. Sin embargo, todos los zombis incluyen una mezcla de ron blanco, dorado y negro, en diversas proporciones.

1 Pase por la batidora todos los ingredientes, salvo la menta y la piña.
2 Bata hasta obtener una mezcla homogénea.
3 Sirva sin colar en un vaso tipo *Collins* bien frío y decore con la ramita de menta y las rodajas de piña.

acapulco

10-12 cubitos de hielo picados
2 medidas de ron blanco
½ medida de triple seco
½ medida de zumo de lima
1 cucharadita de jarabe
de azúcar
1 clara de huevo
1 ramita de menta fresca,
para decorar

PARA 1 PERSONA

Este cóctel, como muchos otros, ha ido variando desde sus orígenes. Antaño se solía preparar con ron y no llevaba zumos de fruta. Hoy, en cambio, tiende a elaborarse con tequila a medida que ha ido ganando popularidad fuera de México, su país de origen.

1 Ponga 4 o 6 cubitos de hielo picados en una coctelera.
2 Agite bien con el hielo todos los ingredientes menos la menta hasta que se condense agua en el exterior de la coctelera.
3 Sirva en un vaso tipo *highball* bien frío lleno de hielo hasta la mitad. Decore con la ramita de menta.

mai tai

4-6 cubitos de hielo picados
2 medidas de ron blanco
2 medidas de ron negro
1 medida de curaçao naranja
1 medida de zumo de lima
1 cucharada de orgeat
1 cucharada de granadina
rodajas de piña
tiras de piel de fruta
unas guindas y pajitas

PARA 1 PERSONA

Este cóctel siempre da pie a una decoración compleja, a veces excesiva, de manera que existe el riesgo de meterse el palillo de cóctel en el ojo al intentar beberlo. Si realmente desea añadir numerosos ornamentos, sírvalo con una o dos pajillas de colores.

1 Ponga el hielo picado en una coctelera.
2 Agite enérgicamente los seis primeros ingredientes con el hielo hasta que se condense agua en el exterior de la coctelera.
3 Sirva en un vaso tipo *Collins* bien frío y decore al gusto.

daiquiri

2 medidas de ron blanco
¾ de medida de zumo
de lima
½ cucharadita de jarabe
de azúcar
hielo picado

PARA 1 PERSONA

Daiquiri es el nombre de un barrio de la ciudad cubana de El Caney, donde supuestamente se inventó este cóctel a principios del siglo XX. Un negociante agotó sus existencias de ginebra importada y se vio forzado a preparar combinados con la bebida local, el ron, cuya calidad en aquella época dejaba mucho que desear.

1 Agite enérgicamente el ron, el zumo de lima y el jarabe de azúcar con el hielo hasta que se condense agua en el exterior de la coctelera.
2 Sirva en una copa de cóctel bien fría.

planter's punch

10-12 cubitos de hielo picados
1 golpe de granadina
2 medidas de ron blanco
2 medidas de ron negro
1 medida de zumo de limón
1 medida de zumo de lima
1 cucharadita de jarabe
de azúcar
¼ de cucharadita de triple seco
1 rodaja de limón
1 rodaja de lima
1 trocito de piña
1 guinda, para decorar

PARA 1 PERSONA

El término inglés *punch,* «ponche», proviene de un término hindi que significa «cinco», debido a que, tradicionalmente, los ponches deben prepararse con cinco ingredientes diferentes, que deben incluir los cuatro sabores básicos: fuerte, suave, ácido y dulce.

1 Ponga 4 o 6 cubitos de hielo picados en una coctelera. Agite enérgicamente los dos tipos de ron, el zumo de limón y el de lima, el jarabe de azúcar, el triple seco y la granadina con el hielo hasta que se condense agua en el exterior de la coctelera.
2 Llene hasta la mitad un vaso tipo *Collins* bien frío con cubitos de hielo y vierta el cóctel. Rellene con el agua con gas y remueva con suavidad.
3 Decore con la fruta.

cuba libre

4-6 cubitos de hielo picados
2 medidas de ron blanco
cola
1 rodaja de lima,
para decorar

PARA 1 PERSONA

Las décadas de 1960 y 1970 fueron testigos del ascenso meteórico de este sencillo trago largo, tal vez por la exitosa campaña publicitaria de la marca de ron Bacardí, el original ron blanco de Cuba (producido ahora en las Bahamas) y Coca-Cola, aunque probablemente se deba a que el ron y la cola parecen ser aliados naturales.

1 Llene hasta la mitad un vaso tipo *highball* con el hielo picado.
2 Vierta el ron por encima y rellene con cola.
3 Remueva con cuidado y decore con la rodaja de lima.

piña colada

4-6 cubitos de hielo picados
2 medidas de ron blanco
1 medida de ron negro
3 medidas de zumo de piña
2 medidas de crema de coco
rodajas de piña,
para decorar

PARA 1 PERSONA

Este cóctel pertenece al grupo de los primeros grandes clásicos y goza, desde los años ochenta, de gran popularidad, al igual que el célebre *Swimming pool.*

1 Ponga el hielo en una batidora y añada los dos tipos de ron, el zumo de piña y la crema de coco. Bata hasta obtener una mezcla suave y homogénea.
2 Vierta sin colar en un vaso alto bien frío, y decore con la piña.

stinger

4-6 cubitos de hielo picados
2 medidas de brandy
1 medida de crema de
menta blanca

PARA 1 PERSONA

El nombre de este refrescante cóctel le hace justicia (*stinger* significa en inglés «que produce picazón»), pues su sabor bien definido estimula el paladar y despeja la cabeza. Sin embargo, recuerde que, si abusa de él, lo más probable es que lo tumbe.

1 Agite enérgicamente el brandy y la crema de menta con el hielo hasta que se condense agua en el exterior de la coctelera.
2 Sirva en un vaso tipo *highball* bien frío.

sidecar

2 medidas de brandy
1 medida de triple seco
1 medida de zumo de limón
4-6 cubitos de hielo picados
1 espiral de piel de naranja,
para decorar

PARA 1 PERSONA

El Cointreau es la marca más célebre de licor de naranja, aunque también puede emplear triple seco en este combinado. Resulta más seco y más fuerte que el curaçao, y siempre es incoloro.

1 Ponga el hielo picado en una coctelera.
2 Agite enérgicamente el brandy, el triple seco y el zumo de limón con hielo hasta que se condense agua en el exterior de la coctelera.
3 Sirva en un vaso bien frío y decore con la espiral de piel de naranja.

b & b

4-6 cubitos de hielo picados
1 medida de brandy
1 medida de bénédictine

PARA 1 PERSONA

Aunque preparar combinados muy elaborados (y beberlos) resulta fascinante, algunos de los mejores cócteles se caracterizan por su sencillez. B & B: brandy y bénédictine, de lo más sencillo y con un perfume maravillosamente sutil.

1 Remueva bien el brandy y el bénédictine con el hielo picado en un vaso mezclador.
2 Sirva en una copa de cóctel bien fría.

entre las sábanas

8-10 cubitos de hielo picados
4 medidas de brandy
3 medidas de ron blanco
1 medida de curaçao blanco
1 medida de zumo de limón

PARA 2 PERSONAS

El nombre de este cóctel sugiere romance y apunta a que las sábanas en cuestión deben ser, como mínimo, de satén. De modo que prepárelo para dos personas. Esta deliciosa bebida es tan suave como la seda.

1 Coloque el hielo en una coctelera. Añada el brandy, el ron, el curaçao y el zumo de limón y agite enérgicamente hasta que se condense agua en el exterior de la coctelera.
2 Sirva en dos copas de vino bien frías.

rosa americana

4-6 cubitos de hielo picados
1½ medidas de brandy
1 cucharadita de granadina
½ cucharadita de Pernod
½ melocotón fresco, pelado
y triturado
vino espumoso
1 rodaja de melocotón
fresco

PARA 1 PERSONA

Shakespeare dijo en boca de Julieta:
«La rosa no dejaría de ser rosa, y de esparcir
su aroma, aunque se llamase de otro modo».
Este cóctel constituye una combinación eterna
de belleza y placer.

1 Agite enérgicamente el brandy, la granadina,
el Pernod y el melocotón con el hielo hasta que
se condense agua en el exterior de la coctelera.
2 Sirva en una copa de vino bien fría
y rellene con vino espumoso. Remueva con
suavidad y decore con la rodaja de melocotón.

cóctel clásico

1 rodaja de limón
1 cucharadita de azúcar lustre
4-6 cubitos de hielo picados
2 medidas de brandy
½ medida de curaçao blanco
½ medida de marrasquino
½ medida de zumo de limón
1 rodaja de limón,
para decorar

PARA 1 PERSONA

No se puede decir que este cóctel sea el único ni el primer clásico, pero su fórmula encierra todos los atributos característicos de sofisticación que tradicionalmente se asocian con los cócteles.

1 Frote el borde de una copa de cóctel bien fría con la rodaja de limón y escárchelo con el azúcar.
2 Agite enérgicamente el brandy, el curaçao, el marrasquino y el zumo de limón con hielo hasta que se condense agua en el exterior de la coctelera.
3 Sirva en la copa escarchada y decore con la rodaja de limón.

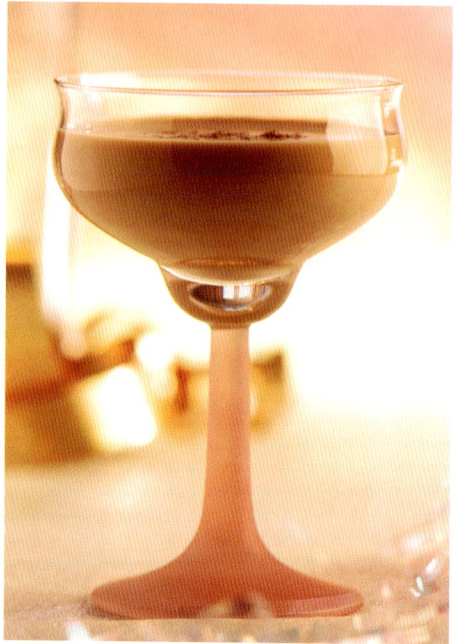

brandy alexander

1 medida de brandy
1 medida de crema de
cacao oscura
1 medida de nata espesa
hielo
nuez moscada rallada,
para decorar

PARA 1 PERSONA

Este cremoso y delicioso cóctel es una popular
variación del *Alexander* original, que se
prepara con ginebra.

1 Agite enérgicamente el brandy, la crema
de cacao y la nata con el hielo hasta que se
condense agua en el exterior de la coctelera.
2 Sirva en una copa de cóctel bien fría y
decore con una pizca de nuez moscada
rallada.

egg nog

1 huevo
1 cucharada de azúcar lustre
2 medidas de brandy o de su
licor favorito
leche tibia
nuez moscada rallada,
para decorar

PARA 1 PERSONA

Este reconstituyente combinado le ayudará a recuperarse de la resaca o le llenará de energía cuando se sienta un poco decaído.

1 Bata bien los tres primeros ingredientes, sirva en una copa alta y rellene con la leche.
2 Espolvoree con nuez moscada rallada por encima.

toro bravo

4-6 cubitos de hielo
picados
2 medidas de tequila
blanco
1 medida de Tia Maria
1 espiral de piel de limón

PARA 1 PERSONA

Las numerosas relaciones históricas entre
España y México han dejado un gran legado,
que incluye la pasión por las corridas de toros.
Lo que no se ha podido determinar es si el
nombre de este cóctel es un tributo al animal
o si más bien hace referencia al estado en que
queda quien lo bebe.

1 Remueva bien el tequila y el Tia Maria
con el hielo en un vaso mezclador.
2 Sirva en una copa bien fría y decore
con la espiral de piel de limón.

tequila sunrise

2 medidas de tequila blanco
4-6 cubitos de hielo picados
zumo de naranja
1 medida de granadina

PARA 1 PERSONA

No prepare nunca este cóctel con prisas,
pues se arruinaría el atractivo efecto similar
a un amanecer que produce la granadina
deslizándose lentamente por el zumo de
naranja.

1 Ponga el tequila en un vaso tipo *highball*
bien frío con hielo y rellene con zumo de
naranja. Remueva bien.
2 Agregue la granadina lentamente y sirva
con una pajita.

margarita

1 rodaja de lima
sal gruesa
4-6 cubitos de hielo picados
3 medidas de tequila blanco
1 medida de triple seco
o Cointreau
2 medidas de zumo de lima
1 rodaja de lima,
para decorar

PARA 1 PERSONA

Este cóctel, inventado en México en 1942 y atribuido a Francisco Morales, es una versión un poco más refinada de la forma original de beber tequila, que consiste en lamer una pizca de sal colocada en el dorso de la mano, tomarse un trago de tequila puro y succionar una rodaja de limón.

1 Frote el borde de una copa de cóctel bien fría con la rodaja de lima y escárchelo con la sal gruesa.
2 Agite enérgicamente el tequila, el triple seco y el zumo de lima con el hielo hasta que se condense agua en el exterior de la coctelera.
3 Sirva en la copa escarchada y decore con la rodaja de lima.

cobbler de jerez

6-8 cubitos de hielo picados
¼ de cucharadita de jarabe
de azúcar
¼ de cucharadita de curaçao
blanco
4 medidas de jerez
amontillado
pedazos de piña y una
espiral de piel de limón

PARA 1 PERSONA

Ésta es la receta original del *Cobbler* de jerez (un trago largo que se elabora con jarabe de azúcar y se decora con fruta), aunque existen muchas otras versiones, con frecuencia más fuertes.

1 Llene una copa de vino con el hielo picado. Agregue el jarabe de azúcar y el curaçao, y remueva hasta que se forme un granizado.
2 Añada el jerez y remueva bien. Decore con trozos de piña ensartados en un palillo y la espiral de piel de limón.

cócteles contemporáneos

correcaminos

4-6 cubitos de hielo picados
2 medidas de ginebra
½ medida de vermut seco
½ medida de Pernod
1 cucharadita de granadina

PARA 1 PERSONA

No queda claro si el nombre de este cóctel hace referencia al ave real o al enemigo del coyote, pero lo que sí es seguro es que ha sido concebido para relajarle al final del día, y no para que eche a correr.

1 Ponga el hielo picado en una coctelera.
2 Agite enérgicamente la ginebra, el vermut, el Pernod y la granadina con hielo hasta que se condense agua en el exterior de la coctelera.
3 Sirva en una copa de vino bien fría.

bleu bleu bleu

1 medida de ginebra
1 medida de vodka
1 medida de tequila
1 medida de curaçao azul
1 medida de zumo de limón
recién exprimido
2 golpes de clara de huevo
hielo triturado
soda

PARA 1 PERSONA

Con uno de éstos se le nublará la vista, así que piénselo bien antes de preparar otro.

1 Agite con hielo todos los ingredientes excepto la soda hasta que se condense agua en el exterior de la coctelera.
2 Sirva en un vaso alto lleno de hielo y rellene con soda al gusto.

mah-jong

1 medida de ginebra
¼ de medida de Cointreau
¼ de medida de ron blanco
hielo
1 espiral de piel de
naranja, para decorar

PARA 1 PERSONA

Si bebe demasiadas copas de este cóctel no
será capaz de jugar ni a las damas chinas,
¡ni a ninguna otra cosa!

1 Remueva todos los ingredientes con hielo
en un vaso mezclador y sirva en una copa de
cóctel pequeña y bien fría.
2 Decore con la espiral de piel de naranja.

dorado amanecer

½ medida de ginebra
½ medida de calvados
½ medida de aguardiente
de albaricoque
½ medida de zumo de mango
hielo
1 golpe de granadina

PARA 1 PERSONA

Como la dorada luz del sol naciente, el rojo
brillante de la granadina se expande en este
combinado a través del color naranja resultado
de la primera mezcla.

1 Mezcle bien los cuatro primeros ingredientes
con hielo.
2 Sirva en una copa de cóctel y añada la
granadina lentamente, de modo que el color
se extienda poco a poco.

ave del paraíso

1 medida de ginebra,
bien fría
1 medida de néctar de
granadilla, bien frío
½ medida de curaçao
naranja, bien frío
hielo picado
1 rodaja gruesa de sandía
(reserve un trozo para
decorar)

PARA 1 PERSONA

Este cóctel se suele preparar con curaçao
naranja, pues el color final resulta más apetitoso,
aunque también se puede emplear curaçao azul.
Pruebe ambas versiones, y decida cuál de las
dos prefiere.

1 Despepite la sandía.
2 Pase por la batidora todos los ingredientes
y el hielo hasta obtener un granizado.
3 Sírvalo en un vaso o copa de cóctel grandes
y decore con un triángulo de sandía. Puede que
necesite una cucharilla para beberlo.

fizz del Mississippi

2 medidas de ginebra
1 medida de zumo de lima
recién exprimido
1 medida de zumo de
granadilla
¼ de medida de jarabe
de goma
3 golpes de agua de azahar
1 medida de soda
hielo picado

PARA 1 PERSONA

Un *fizz* con una explosión de sabores afrutados
y un sutil toque de ginebra helada.

1 Pase por la batidora a alta velocidad todos
los ingredientes durante unos segundos, hasta
obtener un granizado espumoso.
2 Sirva el *fizz* en una copa de cóctel grande o
en un vaso largo bien fríos. Beba con una pajita.

ángel caído

1 golpe de angostura
el zumo de 1 limón o 1 lima
2 medidas de ginebra
hielo
2 golpes de crema de
menta verde

PARA 1 PERSONA

Pruebe esta insólita combinación de ginebra con menta y limón. Sobre todo no prescinda del licor de menta verde o no obtendrá el extraordinario efecto visual.

1 Agite bien los tres primeros ingredientes con hielo y vierta en una copa de cóctel.
2 Agregue la crema de menta cuando lo vaya a servir.

bulldog

2 medidas de ginebra
1 medida de zumo de naranja
recién exprimido
hielo
ginger ale
1 rodaja fina de naranja

PARA 1 PERSONA

Una refrescante variación de la mezcla clásica de ginebra con zumo de naranja.

1 Sirva la ginebra, el zumo de naranja y el hielo en un vaso largo y remueva.
2 Rellene con ginger ale y decore con la rodaja de naranja.

ojo de gato

4-6 cubitos de hielo picados
2 medidas de ginebra
1½ medidas de vermut seco
½ medida de kirsch
½ medida de triple seco
½ medida de zumo de limón
½ medida de agua

PARA 1 PERSONA

Un ojo de gato puede ser muchas cosas además del órgano de visión de los felinos, entre las que se cuenta una piedra semi-preciosa. En este caso se trata de un cóctel de gran potencia y tan atractivo como una gema.

1 Agite la ginebra, el vermut, el kirsch, el triple seco y el zumo de limón con hielo hasta que se condense agua en el exterior de la coctelera.
2 Sirva en una copa de cóctel bien fría. Añada un toque de agua fría al servirlo.

vodkatini

1 medida de vodka
hielo
1 golpe de vermut seco
1 aceituna o 1 tira de piel
de limón

PARA 1 PERSONA

Para elaborar sus Martinis, James Bond, el agente 007, empleaba vodka en lugar de ginebra. Desde entonces, el delicioso *Vodkatini* se ha convertido en una célebre y glamurosa bebida.

1 Vierta el vodka en un vaso mezclador lleno de hielo.
2 Añada el vermut, remueva bien y sirva en una copa de cóctel.
3 Decore con la aceituna o la tira de piel de limón.

chilly willy

2 medidas de vodka
1 cucharadita de guindilla
fresca picada
hielo picado

PARA 1 PERSONA

Este cóctel es apto sólo para los más valientes.
El grado de picante dependerá del tipo de
guindilla que se utilice (algunas variedades
son más picantes que otras), así como de la
cantidad que se añada y de si se despepita
o no. Si desea un cóctel aún más picante,
prepárelo con vodka de guindilla.

1 Agite bien el vodka y la guindilla con el hielo
hasta que se condense agua en el exterior
de la coctelera.
2 Sirva en un vaso pequeño bien frío.

golden tang

2 medidas de vodka
1 medida de strega
½ medida de crema
de plátano
½ medida de zumo
concentrado de naranja
hielo picado
1 guinda
1 rodaja de naranja

PARA 1 PERSONA

Este delicioso y refrescante combinado reúne
los colores del verano con los sabores de las
frutas y hierbas otoñales.

1 Agite los cuatro primeros ingredientes
con hielo hasta que se condense agua en
el exterior de la coctelera.
2 Sirva en un vaso bien frío y decore con
la guinda y la rodaja de naranja.

brisa de la bahía

2 medidas de zumo de
arándanos claro y de
zumo de manzana
2 medidas de zumo de piña
2 medidas de vodka
hielo
tónica
rodajas de lima o de piña,
para decorar

PARA 1 PERSONA

Los zumos de arándanos de color claro resultan perfectos para este combinado. No son tan intensos como los arándanos rojos, pero su afrutado sabor resulta delicioso.

1 Agite bien los tres primeros ingredientes con el hielo hasta que se condense agua en el exterior de la coctelera.
2 Sirva en un vaso alto y rellene con tónica al gusto.
3 Decore con las rodajas de piña o lima.

brisa marina

1½ medidas de vodka
½ medida de zumo de
arándanos
hielo
zumo de pomelo rosado,
al gusto

PARA 1 PERSONA

El zumo de pomelo rosado tiene un sabor
mucho más dulce y sutil que el blanco, por lo
que resulta idóneo para preparar cócteles que
deban tener un gusto ligeramente ácido.

1 Agite bien el vodka y el zumo de arándanos
con el hielo hasta que se condense agua en el
exterior de la coctelera.
2 Vierta la mezcla en un vaso alto bien frío
y rellene con zumo de pomelo al gusto.
3 Sirva el cóctel con una pajita.

angélico

1 medida de vodka
½ medida de galliano
½ medida de Southern
Comfort
1 golpe de clara de huevo
hielo
zumo de naranja o de piña
al gusto
1 rodaja de piña,
para decorar

PARA 1 PERSONA

Su aspecto puede parecer angélico, pero, a
menos que sea muy generoso con el zumo
de fruta, este cóctel no resultará nada suave.

1 Agite los cuatro primeros ingredientes con
hielo hasta que se condense agua en el
exterior de la coctelera.
2 Sirva en un vaso alto bien frío lleno de hielo
y rellene con zumo de naranja o de piña al
gusto.
3 Decore con una rodaja de piña fresca.

sonrisa forzada

1 medida de Cinzano extra
seco
1 medida de vodka de
mandarina
½ medida de curaçao naranja
el zumo de ½ limón
1 cucharada de jarabe de fresa
hielo
zumo de piña
1 fresa

PARA 1 PERSONA

Si usted es amante de las bebidas secas, agregue poco zumo de piña cuando prepare este cóctel.

1 Agite bien los cinco primeros ingredientes con hielo.
2 Sirva en un vaso alto y rellene con zumo de piña al gusto.
3 Decore con una rodaja de fresa o una entera.

full monty

1 medida de vodka
1 medida de galliano
4-6 cubitos de hielo picados
raíz de ginseng rallada,
para decorar
(utilice raíz de jengibre si
no tiene ginseng)

PARA 1 PERSONA

La expresión inglesa *full monty,* que dio nombre
a la célebre película británica, significa algo así
como «ir a por todas». No es necesario que haga
un *striptease* al preparar este cóctel, aunque allá
cada cual.

1 Agite enérgicamente el vodka y el galliano con
el hielo hasta que se condense agua en el exterior
de la coctelera.
2 Sirva en una copa de cóctel bien fría y espolvoree con el ginseng rallado.

cinnamon park

1 medida de vodka
2 medidas de zumo de
pomelo rosado
½ medida de Campari
1 golpe de jarabe de goma
1 o 2 pizcas de canela
1 clara de huevo
hielo

PARA 1 PERSONA

Un cóctel de frutas puede cambiar radicalmente
con unas notas especiadas. Agregue canela
molida a este combinado y espolvoréelo con
un poco más antes de servirlo.

1 Agite bien todos los ingredientes con el hielo
y sirva la mezcla en una copa de cóctel mediana
bien fría.

vodga

4-6 cubitos de hielo picados
2 medidas de vodka
1 medida de strega
½ medida de zumo
de naranja
hielo picado

PARA 1 PERSONA

Tiempo atrás, los cócteles a base de vodka tenían como objeto, por lo general, proporcionar el placer de una bebida alcohólica sin dejar rastros perceptibles en el aliento, y solían consistir en mezclas bastante simples con zumos de fruta, sodas y otras bebidas sin alcohol. En cambio, los cócteles de vodka contemporáneos incluyen con frecuencia otros licores.

1 Ponga los cubitos picados en una coctelera.
2 Agite enérgicamente el vodka, el strega y el zumo de naranja con el hielo hasta que se condense agua en el exterior de la coctelera.
3 Sirva en una copa de cóctel bien fría.

ruso doble

1 medida de vodka rojo helado
1 tira de piel de limón o
naranja
1 medida de vodka de limón
o de schnapps, helados

PARA 1 PERSONA

Tenga cuidado con las cantidades que consuma de este cóctel. Tanto el vodka como el schnapps son licores muy fuertes.

1 Sirva el vodka rojo en un vaso tipo *shot* bien frío y agregue la tira de piel de cítrico. Con pulso firme, sirva una segunda capa con el vodka de limón o el schnapps. Consuma de inmediato.

pepper pot polinesio

4-6 cubitos de hielo picados
2 medidas de vodka
1 medida de ron dorado
4 medidas de zumo de piña
½ medida de orgeat
1 cucharadita de zumo
de limón
¼ de cucharadita
de cayena molida
1 golpe de tabasco
1 pizca de curry en polvo

PARA 1 PERSONA

Preparar una bebida dulce y sazonarla con pimienta y especias puede parecer extraño, pero en la antigua tradición culinaria polinesia se realza de esta forma el sabor ligeramente acre de la piña.

1 Agite enérgicamente el vodka, el ron, el zumo de piña, el orgeat, el zumo de limón, la cayena y el tabasco con el hielo hasta que se condense agua en el exterior de la coctelera.
2 Sirva en un vaso bien frío y espolvoree el curry por encima.

la vida en rojo

1 medida de vodka rojo
1 medida de schnapps
de melocotón
3 medidas de zumo
de arándanos
hielo triturado
soda
arándanos congelados

PARA 1 PERSONA

El intenso color rojo de este estimulante cóctel se debe al zumo de arándanos.

1 Agite los tres primeros ingredientes con hielo hasta que se condense agua en el exterior de la coctelera.
2 Sirva la mezcla en una copa de cóctel alta bien fría, rellene con soda y decore con unos arándanos congelados.

cocodrilo

4-6 cubitos de hielo picados
2 medidas de vodka
1 medida de triple seco
1 medida de midori
2 medidas de zumo
de limón

PARA 1 PERSONA

Éste es un cóctel muy energético y un poco mordaz. Sin embargo, parece que su nombre se debe más bien al espectacular color verde que le confiere el midori, un licor japonés con sabor a melón.

1 Ponga los cubitos picados en una coctelera.
2 Agite enérgicamente el vodka, el triple seco, el midori y el zumo de limón con el hielo hasta que se condense agua en el exterior de la coctelera.
3 Sirva en una copa de cóctel bien fría.

anuschka

1 medida de vodka helado
1 golpe de sambuca negro
1 golpe de crème de mure
(licor de zarzamora)
unas zarzamoras

PARA 1 PERSONA

El sambuca se elabora a partir de regaliz y, al combinarlo con un poco de licor de zarzamora y vodka helado, se obtiene un estupendo cóctel.

1 Vierta el vodka en un vaso tipo *shot* bien frío.
2 Añada el sambuca y luego el licor de zarzamora.
3 Decore con unas zarzamoras, frescas o congeladas.

twin peaks

4-6 cubitos de hielo picados
2 medidas de bourbon
1 medida de bénédictine
1 medida de zumo de lima
1 golpe de triple seco
1 rodaja de lima

PARA 1 PERSONA

El bourbon recibe su nombre de un condado de Kentucky. En su preparación se utiliza como mínimo un 51% de maíz. Se trata del whisky más popular en EE UU, donde se preparan muchos más cócteles con esta variedad que con su pariente escocés.

1 Agite enérgicamente el bourbon, el bénédictine, el zumo de lima y el triple seco con el hielo hasta que se condense agua en el exterior de la coctelera.
2 Sirva en un vaso tipo *highball* bien frío y decore con la rodaja de lima.

algonquin

½ medida de whisky de centeno (rye)
½ medida de vermut seco
¼ de medida de zumo de piña
cubitos de hielo

PARA 1 PERSONA

Este combinado, al igual que el célebre hotel homónimo de Nueva York, destaca por su estilo y glamour.

1 Agite todos los ingredientes con hielo hasta que se condense agua en el exterior de la coctelera.
2 Sirva en un vaso tipo *old-fashioned* lleno de hielo.

el padrino

4-6 cubitos de hielo picados
2 medidas de whisky
escocés
1 medida de amaretto

PARA 1 PERSONA

El amaretto es un licor italiano, de modo que la inspiración para este cóctel bien pudiera provenir de Don Corleone, el famoso padrino de la novela de Mario Puzo, cuyo papel fue interpretado de forma magistral por Marlon Brando para la gran pantalla.

1 Llene un vaso tipo *highball* bien frío con hielo picado. Agregue el whisky y el amaretto, y remueva bien.

hoyo 19

1½ medidas de whisky irlandés
1 medida de curaçao verde
hielo
dry ginger

PARA 1 PERSONA

Una interesante variación con whisky ideal para días fríos, y un acompañante perfecto para una jornada de golf.

1 Ponga el whisky y el curaçao en un vaso tipo *tumbler* con el hielo.
2 Rellene con dry ginger.

dandy

½ medida de whisky
de centeno (rye)
½ medida de Dubonnet
1 golpe de angostura
3 golpes de casis
hielo
unas frutas silvestres
congeladas, para decorar

PARA 1 PERSONA

El toque de fruta que se añade al final de su preparación proporciona a este combinado una cualidad especial.

1 Mezcle bien los cuatro primeros ingredientes con el hielo y sirva en un vaso tipo *shot* bien frío.
2 Decore con las frutas silvestres.

shillelagh irlandés

4-6 cubitos de hielo picados
2 medidas de whisky
irlandés
1 medida de zumo de limón
½ medida de sloe gin
½ medida de ron blanco
½ cucharadita de jarabe
de azúcar
½ melocotón pelado,
deshuesado y finamente
picado
2 frambuesas, para decorar

PARA 1 PERSONA

Shillelagh es un término irlandés (se pronuncia «shi-lei-li») que designa una porra de madera, hecha tradicionalmente de endrino. Sin lugar a dudas, este cóctel «dará el golpe».

1 Pase por la batidora el hielo, el whisky, el zumo de limón, el sloe gin, el ron, el jarabe de azúcar y el melocotón hasta obtener una mezcla suave.
2 Sirva en un vaso tipo *highball* pequeño bien frío y decore con las frambuesas.

black watch

⅔ de medida de whisky
escocés
⅓ de medida de Kahlúa
o licor de café
hielo
soda

PARA 1 PERSONA

Una versión inusitada del combinado de whisky
y soda, cuyo nombre hace honor a un cuerpo
de infantería del ejército escocés. Perfecto a
cualquier hora y en cualquier lugar.

1 Mezcle el whisky y el licor en un vaso grande
con hielo.
2 Rellene con soda al gusto.

monte Etna

2 medidas de whisky
2 medidas de zumo de
naranja puro
el zumo y la cáscara
de ½ lima
1½ medidas de Cointreau

PARA 1 PERSONA

¡Un cóctel explosivo! A lo mejor no funciona
la primera vez que lo pruebe, pero si lo hace,
tenga mucha precaución.

1 Mezcle el whisky y los zumos de naranja
y lima en un vaso tipo *old-fashioned*.
2 En un cazo, deje en remojo la cáscara
de lima en el Cointreau unos 10 minutos.
3 Caliéntelo a fuego bajo. Sostenga la cáscara
de lima con una cuchara, rellénela con
Cointreau y, con cuidado, flambéela.
4 Ponga en seguida la cáscara en el cóctel.
Espere a que el fuego se extinga por sí solo
y el vaso se enfríe antes de beber.

highland fling

4-6 cubitos de hielo picados
1 golpe de angostura
2 medidas de whisky escocés
1 medida de vermut dulce
1 aceituna rellena

PARA 1 PERSONA

El *blended whisky* es el resultado de una combinación de diversos tipos de whisky. Es el más adecuado para elaborar cócteles. El whisky puro de malta resulta mucho mejor si se bebe solo o con un poco de agua.

1 Ponga el hielo en un vaso mezclador y agregue la angostura, el whisky y el vermut.
2 Remueva y sirva en un vaso bien frío.
3 Decore con la aceituna.

la flota del capitán

4-6 cubitos de hielo picados
2 medidas de ron blanco
1 medida de kirsch
1 medida de crema de cacao blanca
1 medida de nata líquida
chocolate rallado
1 guinda

PARA 1 PERSONA

Una mezcla irresistible de ingredientes que combinan a la perfección: ron, cereza, chocolate y nata. Este cóctel es casi demasiado bueno para ser real.

1 Ponga los cubitos picados en una coctelera. Agite enérgicamente el ron, el kirsch, la crema de cacao y la nata con el hielo hasta que se condense agua en el exterior de la coctelera.
2 Sirva en un vaso tipo *highball* bien frío. Espolvoree por encima el chocolate rallado y decore con la guinda.

refresco de ron

2 cubitos de hielo
el zumo de 1 lima
1½ medidas de ron
1½ medidas de zumo
de piña
1 plátano maduro
mediano, picado
1 tira de piel de lima

PARA 1 PERSONA

El sabor dulce y el aroma que caracterizan al ron combinan a la perfección con numerosas frutas exóticas. Prepare este cóctel con mango o litchi y compruébelo usted mismo.

1 Pase por la batidora todos los ingredientes, salvo la piel de lima, durante 1 minuto, hasta obtener una mezcla homogénea.
2 Sirva en un vaso bien frío lleno de hielo y decore con la tira de lima.

obispo

4-6 cubitos de hielo picados
1 golpe de zumo de limón
1 medida de ron blanco
1 cucharadita de vino tinto
1 pizca de azúcar lustre

PARA 1 PERSONA

Resulta curiosa la fama que tienen los clérigos de ser amantes de las buenas cosas materiales de esta vida. Lo que sí es cierto es que la espiritualidad no está reñida con las bebidas «espirituosas».

1 Ponga el hielo en una coctelera.
2 Agregue el zumo de limón, el ron, el vino y el azúcar.
3 Agite enérgicamente hasta que se condense agua en el exterior de la coctelera.
4 Sirva en una copa de vino bien fría.

dragon lady

1 medida de ron dorado
1 medida de zumo de
naranja
1 golpe de curaçao blanco
1 golpe de granadina
hielo
bíter de limón, bien frío
1 rodaja y 1 tira de piel
de naranja

PARA 1 PERSONA

Los intensos sabores frutales de la naranja,
la granada y el limón, combinados con el ron
dorado, producen este extraordinario y
veraniego trago largo.

1 Mezcle bien los cuatro primeros ingredientes
con hielo, sirva en un vaso tipo *highball* con
hielo y rellene con bíter de limón.
2 Decore con la rodaja y la tira de piel
de naranja.

pájaro amarillo

1 piña madura mediana
3 medidas de ron negro
2 medidas de triple seco
2 medidas de galliano
1 medida de zumo de lima
cubitos de hielo
hojas y rodajas de piña,
para decorar

PARA 6 PERSONAS

El sabor de este combinado mejora notablemente si emplea zumo de piña fresco. Lo mejor es elaborar toda una jarra de zumo e invitar a varios amigos a disfrutar de su sabor.

1 Pase por la batidora la pulpa de la piña durante 30 segundos. Añada los siguientes cuatro ingredientes y vuelva a batirlo todo hasta obtener una mezcla homogénea.
2 Reparta la mezcla en 6 copas de cóctel o vasos llenos de hielo y decore con las hojas y rodajas de piña, o con una flor.

nirvana

8-10 cubitos de hielo picados
2 medidas de ron negro
½ medida de granadina
¼ medida de jarabe de
tamarindo
1 cucharadita de jarabe
de azúcar
zumo de pomelo

PARA 1 PERSONA

Pruebe este cóctel para verificar que sus efectos son lo más parecido al estado perfecto de armonía e iluminación.

1 Ponga 4-6 cubitos de hielo picados en una coctelera. Agite enérgicamente el ron, la granadina, el jarabe de tamarindo y el jarabe de azúcar con el hielo hasta que se condense agua en el exterior de la coctelera.
2 Llene hasta la mitad un vaso tipo *Collins* bien frío con hielo y vierta el cóctel.
3 Rellene con zumo de pomelo.

oscuro y tormentoso

2 medidas de ron Mount Gay
1 medida de zumo de lima
½ medida de jarabe de azúcar
hielo
cerveza de jengibre
1 espiral de piel de lima

PARA 1 PERSONA

El ron dorado se caracteriza por su sabor añejo ligeramente suave, pero si desea que este cóctel sea más oscuro y fuerte, decídase por el ron negro.

1 Agite los tres primeros ingredientes con hielo hasta que se condense agua en el exterior de la coctelera.
2 Sirva en un vaso tipo *highball* bien frío y rellene con cerveza de jengibre al gusto.
3 Decore con la espiral de piel de lima.

cóctel bacardí

2 medidas de ron Bacardí
2 cucharaditas de zumo
de lima recién exprimido
1 golpe de granadina
azúcar lustre o jarabe
de azúcar, al gusto
hielo

PARA 1 PERSONA

El ron blanco es para muchos sinónimo de
Bacardí, pues con esta marca se elaboran
numerosos cócteles célebres, como éste
en particular.

1 Agite todos los ingredientes con el hielo
hasta que se condense agua en el exterior
de la coctelera.
2 Sirva en una copa de cóctel poco profunda.
3 Beba con una pajita.

galeón dorado

1 medida de brandy
1 medida de galliano
1 medida de zumo de
granadilla
1 golpe de zumo de limón
cubitos de hielo

PARA 1 PERSONA

Los amarillos intensos del galliano y del zumo de granadilla son la garantía para obtener un combinado de un atractivo color dorado y un delicioso sabor a fruta.

1 Remueva bien todos los ingredientes en un vaso mezclador.
2 Sirva en un vaso bajo lleno de hielo y añada una varilla agitadora.

atómico

1¼ medidas de coñac
¾ de medida de Grand
Marnier
¼ de medida de curaçao azul
hielo
3 medidas de zumo de
frutas exóticas
1 cucharadita de fraise
o jarabe de fresa
rodajas de kiwi,
para decorar

PARA 1 PERSONA

A pesar de que el aspecto de este cóctel
pueda parecerle espeluznante, su delicioso
sabor a naranja, mandarina y frutas exóticas
harán de él un triunfador.

1 Agite los tres primeros ingredientes con el
hielo hasta que se condense agua en el exterior
de la coctelera.
2 Sirva en un vaso alto bien frío y rellene
con zumo de frutas.
3 Agregue unas gotas del fraise y decore
con rodajas de kiwi.
4 Beba con una pajita.

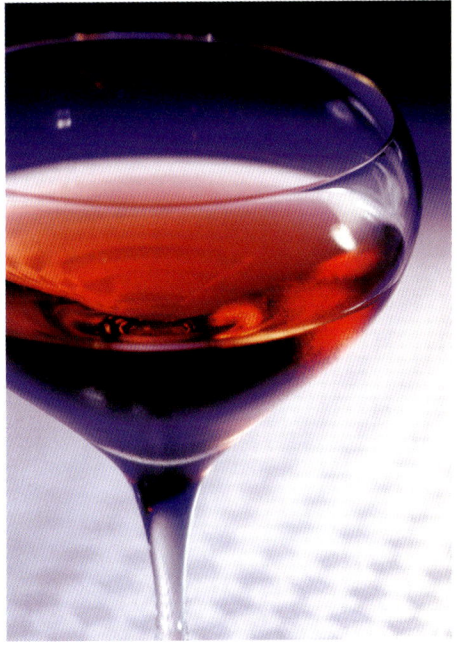

bosom caresser

4-6 cubitos de hielo picados
1 golpe de triple seco
hielo picado
1 medida de brandy
1 medida de madeira

PARA 1 PERSONA

El nombre de este cóctel, que hace referencia a una caricia en el pecho, resulta sin duda muy sugerente. Aunque tal vez sólo haga alusión a la cálida sensación de bienestar que inunda el corazón de quien lo bebe...

1 Ponga el hielo picado en un vaso mezclador.
2 Agregue el triple seco, el brandy y el madeira.
3 Remueva bien y sirva en una copa de cóctel bien fría.

fbr

6-8 cubitos de hielo picados
2 medidas de brandy
1½ medidas de ron blanco
1 cucharada de zumo
de limón
1 cucharadita de jarabe
de azúcar
1 clara de huevo

PARA 1 PERSONA

Numerosos cócteles se conocen por sus iniciales.
En este caso, FBR significa *Frozen Brandy and
Rum* («granizado de ron y brandy» en inglés).
En otros casos, el sentido resulta más hermético,
o ligeramente malicioso.

1 Pase por la batidora el hielo, el brandy, el ron,
el zumo de limón, el jarabe de azúcar y la clara
de huevo hasta obtener un granizado.
2 Sirva en un vaso tipo *highball* bien frío.

american beauty

1 medida de brandy
1 medida de vermut seco
1 medida de granadina
1 medida de zumo de
naranja
1 golpe de crema de menta
hielo
2-3 golpes de oporto

PARA 1 PERSONA

Esta lujosa bebida se las trae, así que no se
apresure al consumirla: deguste la belleza poco
a poco.

1 Agite con hielo todos los ingredientes, menos
el oporto, hasta que se condense agua en el
exterior de la coctelera.
2 Sirva en una copa de cóctel bien fría y añada
el oporto lentamente, de modo que flote en
la superficie.
3 Consuma de inmediato.

tricampeón

1 medida de Cinzano blanco
1 medida de triple seco
1-2 medidas de zumo de
pomelo rosa o rubí
½ medida de oporto
Ruby Port
hielo

PARA 1 PERSONA

Los zumos de pomelo de color rosa o rubí se caracterizan por un sabor más dulce y suave que el del zumo blanco tradicional, de modo que resultan muy buenos para mezclar en cócteles.

1 Mezcle bien todos los ingredientes en un vaso lleno de hielo.

raffles

1 medida de vermut blanco
¼ de medida de ginebra
¼ de medida de Campari
hielo
1 rodaja de naranja

PARA 1 PERSONA

Sir Thomas Raffles fue el fundador de la colonia británica de Singapur. Este combinado era muy popular en su época.

1 Ponga los tres primeros ingredientes en un vaso mediano lleno de hielo y remueva.
2 Exprima la rodaja de naranja por encima y déjela en el vaso.

americano

1 medida de Campari
1 medida de vermut dulce
hielo
soda
1 tira de piel de naranja
o de limón

PARA 1 PERSONA

Un cóctel ligero y refrescante para los amantes del sabor entre dulce y amargo del Campari. Resulta perfecto para cualquier ocasión, y puede prepararlo muy fuerte o muy suave.

1 Ponga el Campari y el vermut en un vaso tipo *highball* lleno de hielo.
2 Remueva bien y rellene con soda.
3 Decore con la tira de piel de naranja o de limón.

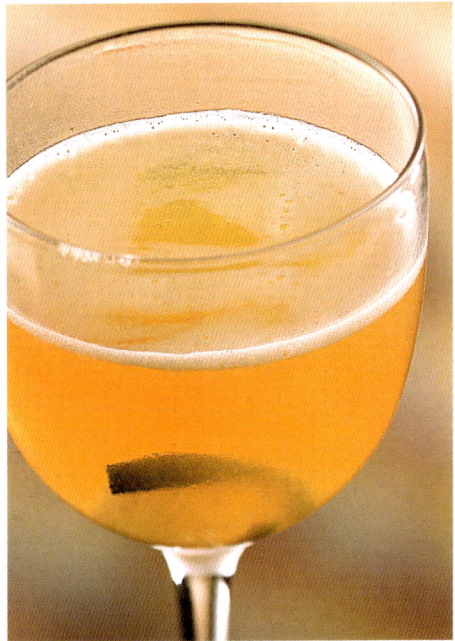

bromista

1 medida de tequila
1 medida de licor de naranja
1 medida de zumo de lima
recién exprimido
1 golpe de clara de huevo
hielo
1 rodaja o 1 tira de piel
de lima, para decorar

PARA 1 PERSONA

No caiga en la tentación de creer que esta bebida es sólo una refrescante copa de zumo helado.

1 Agite bien con hielo todos los ingredientes menos la rodaja de lima hasta que se condense agua en el exterior de la coctelera.
2 Sirva en una copa de cóctel bien fría y decore con la rodaja o la tira de piel de lima y un cubito de hielo.

whammer de huatusco

8-10 cubitos de hielo picados
1 medida de tequila blanco
½ medida de ron blanco
½ medida de vodka
½ medida de ginebra
½ medida de triple seco
1 medida de zumo de limón
½ cucharadita de jarabe
de azúcar
cola

PARA 1 PERSONA

Aunque la receta original de este cóctel incluye Coca-Cola, puede emplear cualquier marca de cola de su preferencia, siempre y cuando esté bien fría.

1 Ponga 4-6 cubitos de hielo picados en una coctelera.
2 Agite enérgicamente el tequila, el ron, el vodka, la ginebra, el triple seco, el zumo de limón y el jarabe de azúcar con el hielo hasta que se condense agua en el exterior de la coctelera.
3 Llene un vaso tipo *Collins* bien frío con hielo picado y vierta el cóctel por encima. Rellene con cola, remueva suavemente y sirva con una pajita.

carolina

4-6 cubitos de hielo picados
3 medidas de tequila añejo
1 cucharadita de granadina
1 cucharadita de esencia
de vainilla
1 medida de nata líquida
1 clara de huevo
canela rallada
1 guinda

PARA 1 PERSONA

El tequila blanco es el más usado en la elaboración de cócteles, sin embargo, en este combinado se requiere el sabor más maduro y el color ámbar de los tequilas añejos.

1 Agite enérgicamente el tequila, la granadina, la esencia de vainilla, la nata y la clara de huevo con el hielo hasta que se condense agua en el exterior de la coctelera.
2 Sirva en una copa de cóctel bien fría.
3 Espolvoree con la canela y decore con la guinda.

bravata de tequila

1 medida de tequila
½ medida de ron blanco
½ medida de vodka
¼ de medida de crema
de coco
1 golpe de zumo de lima
unas gotas de granadina
hielo
1 flor o pétalos
1 tira de piel de lima

PARA 1 PERSONA

Aunque la crema de coco contribuye a atenuar un poco este potente combinado, no se deje engañar por su suave color rosado.

1 Agite bien los seis primeros ingredientes con el hielo.
2 Sirva en una copa de cóctel bien fría y decore con la flor o los pétalos y con la tira de piel de lima.

diablo

6-8 cubitos de hielo picados
2-3 espirales de piel de lima
1 medida de zumo de lima
3 medidas de tequila blanco
1 medida de casis

PARA 1 PERSONA

Después de uno o dos *diablos,* se empezará a sentir algo diabólico. Y con uno o dos de más, seguro que se convierte en el mismísimo demonio.

1 Llene hasta la mitad un vaso pequeño bien frío con hielo y añada las espirales de piel de lima, el zumo de lima, el tequila y el casis.
2 Remueva bien.

tequila mockingbird

4-6 cubitos de hielo picados
2 medidas de tequila blanco
1 medida de crema de menta blanca
1 medida de zumo de lima recién exprimido

PARA 1 PERSONA

Este cóctel evoca la novela de Harper Lee *To Kill a Mockingbird (Matar a un ruiseñor),* cuyo tema principal es el racismo. A pesar del humor negro implícito en su nombre, se está convirtiendo en un nuevo clásico.

1 Agite enérgicamente los tres primeros ingredientes con el hielo hasta que se condense agua en el exterior de la coctelera.
2 Sirva en un vaso tipo *highball* bien frío.

coco loco

1 coco fresco
8-10 cubitos de hielo picados
2 medidas de tequila blanco
1 medida de ginebra
1 medida de ron blanco
2 medidas de zumo de piña
1 cucharadita de jarabe de azúcar
½ lima

PARA 1 PERSONA

Es un cóctel realmente espectacular, y decorarlo puede resultar muy divertido. Busque unas varillas de cóctel en forma de palmera o de bailarinas hawaianas y unas pajillas curvadas.

1 Corte con cuidado la parte superior del coco y reserve el líquido del interior.
2 Ponga el hielo picado, el tequila, la ginebra, el ron, el zumo de piña y el jarabe de azúcar dentro del coco, y a continuación añada el líquido reservado.
3 Exprima la lima sobre el cóctel y déjela caer dentro. Remueva bien y sírvalo con una pajilla.

proyectil

2 medidas de marsala seco
1 medida de tequila
1 golpe de Campari
1 golpe de aguardiente
de cereza
hielo
1 rodaja de limón,
para decorar

PARA 1 PERSONA

Aunque el tequila potencia cualquier cóctel que lo contenga, este combinado no resulta tan fuerte como su nombre parece sugerir.

1 Mezcle los cuatro primeros ingredientes directamente en un vaso o en una copa de cóctel pequeños con hielo.
2 Decore con la rodaja de limón.

adonis

1 medida de jerez
½ medida de vermut rojo
hielo
1 golpe de amargo de naranja
1 tira de piel de naranja,
para decorar

PARA 1 PERSONA

El jerez que elija para este combinado
determinará su efecto: seco, dulce o
amontillado, con sus suaves toques de nuez.

1 Mezcle bien los ingredientes con el hielo
en un vaso mediano bien frío.
2 Decore con la tira de piel de naranja.

¿cuál es el camino?

4-6 cubitos de hielo picados
1 medida de Pernod
1 medida de anisette
1 medida de brandy

PARA 1 PERSONA

Las bebidas con sabor a anís, como el Pernod, son un elemento que no puede faltar en ningún bar. ¡Con ellas se preparan algunos de los combinados más letales!

1 Ponga el hielo picado en una coctelera.
2 Agite enérgicamente el Pernod, el anisette y el brandy con el hielo hasta que se condense agua en el exterior de la coctelera.
3 Sirva en una copa de vino bien fría.

watermelon man

4 medidas de vino blanco seco
1 golpe de granadina
1 cucharada de hielo picado
4 trozos de sandía,
para decorar

PARA 1 PERSONA

El vendedor de sandías. La célebre pieza de Herbie Hancock hace referencia a una fruta coloreada y sabrosa, que funciona muy bien en este cóctel. Eso sí, no agregue más de lo indicado, a menos que desee diluir su fuerza.

1 Pase por la batidora todos los ingredientes durante 5-10 segundos, hasta obtener un granizado.
2 Sirva en una copa alta y decore con un trozo de sandía ensartado en un palillo.

cócteles con burbujas

francés 75

4-6 cubitos de hielo picados
2 medidas de brandy
1 medida de zumo de limón
1 cucharada de jarabe
de azúcar
champán frío
1 espiral de cáscara de
limón, para decorar

PARA 1 PERSONA

Aunque este combinado fue descrito en un recetario de cócteles de principios del siglo xx como la bebida que «definitivamente da en el clavo», en la actualidad existe una cierta confusión respecto a sus ingredientes. Todas las recetas incluyen el champán, pero difieren en cuanto al resto de licores que se le agregan.

1 Agite enérgicamente el brandy, el zumo de limón y el jarabe de azúcar con el hielo hasta que se condense agua en el exterior de la coctelera.
2 Sirva en un vaso tipo *highball* bien frío y rellene con champán.
3 Decore con la espiral de cáscara de limón.

cóctel de champán

1 terrón de azúcar
2 golpes de angostura
1 medida de brandy
champán frío

PARA 1 PERSONA

El cóctel clásico de champán puede resultar
demasiado dulce para algunos paladares.
Lo que realmente le otorga su encanto es el
brandy, de modo que, si lo prefiere menos
dulce, puede prescindir del azúcar.

1 Ponga el terrón de azúcar mojado con
la angostura en una flauta bien fría.
2 Añada el brandy y rellene lentamente
con el champán.

jade

4-6 cubitos de hielo picados
1 golpe de angostura
¼ de medida de midori
¼ de medida de curaçao azul
¼ de medida de zumo
de lima
champán frío
1 rodaja de lima,
para decorar

PARA 1 PERSONA

El jade genuino se distingue por resultar siempre frío al tacto, una máxima que también se debe aplicar a la coctelería. En un bar nunca sobra el hielo.

1 Agite enérgicamente el midori, el curaçao, el zumo de lima y la angostura con el hielo hasta que se forme un granizado.
2 Sirva en una flauta bien fría. Rellene con champán y decore con la rodaja de lima.

campari fizz

1 medida de Campari
1 medida de zumo de
naranja
hielo triturado
champán frío

PARA 1 PERSONA

El sabor agridulce del Campari casa de modo natural con el zumo de naranja y con el vino espumoso o el champán. Se precisa de muy poco para obtener el sabor y el color que distinguen a este cóctel.

1 Agite bien los tres primeros ingredientes hasta que se condense agua en el exterior de la coctelera. Sirva en una flauta.
2 Rellene con champán.

buck's fizz

2 medidas de zumo de
naranja recién exprimido
bien frío
2 medidas de champán frío

PARA 1 PERSONA

La receta original del *Buck's Fizz* proviene del
Club Buck de Londres, y siempre ha incluido
champán Bollinger. Cuanto mejor sea la
calidad del champán empleado, más delicioso
quedará el cóctel.

1 Vierta el zumo de naranja hasta la mitad
de una flauta de champán bien fría, y a
continuación agregue cuidadosamente el
champán.

cobbler de champán

1 vaso de champán frío
¼ de medida de curaçao
1 cucharadita de jarabe
de goma
hielo
1 frambuesa y rodajas
de frutas suaves,
para decorar

PARA 1 PERSONA

El cóctel llamado *cobbler* era muy popular en
los tiempos de Dickens. Entonces consistía
en una mezcla de jerez, azúcar, limón y hielo.
Esta burbujeante versión es un poco más
fuerte.

1 Mezcle el champán, el curaçao y el jarabe
de goma en un vaso mezclador bien frío.
2 Sirva en un vaso alto lleno de hielo y decore
con las frutas.

el lacayo

½ medida de ginebra
1 medida de zumo de
naranja
1 rodaja de melocotón
1 cubito de hielo
champán frío
1 rodaja de melocotón,
para decorar

PARA 1 PERSONA

Si tiene previsto preparar varias raciones, elabore la base de ginebra con antelación y asegúrese de que esté bien fría.

1 Pase por la batidora todos los ingredientes excepto el champán, hasta obtener una mezcla suave.
2 Vierta en una flauta y rellene con champán.
3 Decore con la rodaja de melocotón.

sling de pera y canela

2 medidas de vodka
2 medidas de puré de pera
⅗ de medida de jarabe
de canela
⅛ de medida de zumo
de arándanos y
grosellas negras
hielo
champán frío
rodajas de pera,
para decorar

PARA 1 PERSONA

Si no consigue jarabe de canela en el mercado, elabórelo usted mismo.

1 Agite los cuatro primeros ingredientes con hielo hasta que se condense agua en el exterior de la coctelera.
2 Sirva en una flauta bien fría y rellene con champán.
3 Decore con la pera.

san remo

½ medida de zumo de pomelo
¼ de medida de triple seco
¼ de medida de licor
de mandarina
hielo
champán frío
rodajas de cítricos
congeladas, para decorar

PARA 1 PERSONA

Cuando corte algún cítrico, guarde las rodajas sobrantes en el congelador. De este modo obtendrá cubitos de hielo de excelente sabor.

1 Remueva los tres primeros ingredientes con el hielo en un vaso alto o una flauta.
2 Rellene con champán y decore con la fruta congelada.

alfonso

1 medida de Dubonnet
2 golpes de angostura
1 terrón de azúcar
vino blanco espumoso,
champán o cava, bien fríos
1 espiral de piel de
naranja, para decorar

PARA 1 PERSONA

Ésta es una deliciosa manera de convertir un sencillo vino blanco espumoso en un sofisticado cóctel. O, si la ocasión lo merece, pruébelo con champán.

1 Vierta el Dubonnet en una flauta fría.
2 Agregue el terrón de azúcar salpicado con la angostura.
3 Cuando vaya a servir el cóctel, añada el espumante y la espiral de piel de naranja.

champán del caribe

½ medida de ron blanco
½ medida de crema de
plátano
champán frío
1 rodaja de plátano,
para decorar

PARA 1 PERSONA

Si bien el ron y los plátanos se suelen asociar con los trópicos, no pasa lo mismo con el vino. Sin embargo, no hay que olvidar que Francia y muchas de las islas de las Antillas, como Martinica y Guadalupe, comparten una larga historia.

1 Vierta el ron y la crema de plátano en una flauta bien fría.
2 Rellene con champán.
3 Remueva con cuidado y decore con la rodaja de plátano.

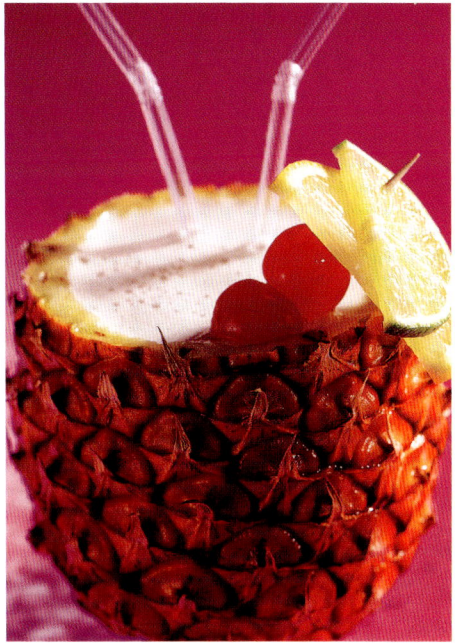

josiah's bay float

hielo picado
2 medidas de ron dorado
1 medida de galliano
2 medidas de zumo de piña
1 medida de zumo de lima
4 cucharaditas de jarabe
de azúcar
champán, para rellenar
rodajas de lima y limón
guindas
una piña vaciada

PARA 2 PERSONAS

Este maravilloso cóctel resulta perfecto para cualquier ocasión especial durante el verano. Está concebido para compartirlo entre dos, tal vez con el fin de celebrar un compromiso o durante una cena romántica al aire libre. Si no tiene ganas de vaciar una piña, puede servirlo en vasos largos bien fríos.

1 Agite enérgicamente el ron, el galliano, los zumos de piña y lima, y el jarabe de azúcar con hielo hasta obtener un granizado.
2 Sirva en la cáscara de piña, rellene con champán y remueva con cuidado.
3 Decore con las rodajas de lima y limón y con las guindas. Sirva con dos pajitas.

lluvia de oro

1 medida de ron dorado
½ medida de Cointreau
champán frío

PARA 1 PERSONA

Si se trata de una ocasión muy especial,
por ejemplo unas bodas de oro, puede añadir
pequeñas hojuelas doradas comestibles en cada
vaso.

1 Vierta el ron y el licor en una flauta o una copa
alta helada y rellene con champán.

cóctel navideño

1 terrón de azúcar
1 golpe de brandy
1 golpe generoso de zumo
de arándanos, frío
champán frío
algunas frambuesas,
para decorar

PARA 1 PERSONA

Preparar este alegre y brillante combinado
para un gran número de invitados resulta muy
sencillo. ¡Y no hace falta que sea Navidad para
disfrutarlo!

1 Ponga el terrón de azúcar en una copa de cava
bien fría.
2 Añada el brandy y espere a que el azúcar lo
absorba. Incorpore entonces el zumo de
arándanos.
3 Rellene con champán justo antes de servir.
Decore con una o dos frambuesas, que
quedarán flotando en la superficie.

kismet

1 medida de ginebra
1 medida de aguardiente
de albaricoque
½ cucharadita de jarabe
de jengibre
champán frío
unas rodajas de mango
fresco maduro, para decorar

PARA 1 PERSONA

Este elegante cóctel le permitirá revivir aquella
época romántica que produjo música tan
fascinante como el musical que le da nombre.

1 Vierta la ginebra y el aguardiente en una
flauta bien fría.
2 Añada muy lentamente el jarabe de jengibre
y luego rellene con champán.
3 Decore con la fruta.

bentley

½ medida de coñac o brandy
½ medida de licor, schnapps o
aguardiente de melocotón
el zumo de 1 granadilla,
bien colado
1 cubito de hielo
champán

PARA 1 PERSONA

Los cócteles de champán tienden a mejorar
cuanto más se beben.

1 Mezcle suavemente los tres primeros ingredientes en una copa de champán bien fría.
2 Añada 1 cubito de hielo y rellene lentamente
con champán al gusto.

chicago

clara de huevo o
zumo de limón
azúcar lustre
1 medida de brandy
1 golpe de Cointreau
1 golpe de angostura
hielo
champán

PARA 1 PERSONA

Emplee champán seco o incluso un buen
vino espumoso para los cócteles que incluyan
ingredientes dulces, especialmente si desea
escarchar el borde de la copa con azúcar para
darle un toque de sofisticación.

1 Escarche el borde de una copa con el azúcar
y la clara de huevo.
2 Remueva el resto de los ingredientes, excepto
el champán, con el hielo hasta que se condense
agua en el exterior del vaso mezclador.
3 Sirva en la copa escarchada y rellene con
champán.

amanecer

1 medida de zumo de lima
1 medida de jerez no
muy seco
champán o vino
espumoso, frío

PARA 1 PERSONA

Para elaborar este cóctel, busque un buen
vino espumoso y afrutado, ya sea blanco
o tinto.

1 Mezcle el zumo y el jerez en una flauta bien
fría.
2 Rellene con el champán y remueva
brevemente.

julepe real

1 terrón de azúcar
3 ramitas de menta fresca
1 medida de Jack Daniels
champán frío

PARA 1 PERSONA

Recuerde que, como en todos los julepes, en primer lugar debe majar o picar la menta para que libere su sabor en la mezcla de agua y azúcar. Si se limita a cortarla, no obtendrá suficiente sabor.

1 En un vaso pequeño, maje el azúcar y la menta con un poco del whisky.
2 Cuando el azúcar se haya disuelto, sirva la mezcla en una flauta bien fría. Añada el resto del whisky y rellene con champán.

pick-me-up

hielo
3 golpes de Fernet Branca
3 golpes de curaçao
1 medida de brandy
champán frío
1 espiral de piel de limón,
para decorar

PARA 1 PERSONA

El champán es siempre vigorizante, y este cóctel en particular, con los ingredientes añadidos, ¡le levantará la moral!

1 Coloque el hielo en una copa de vino bien fría.
2 Vaya añadiendo los ingredientes en el orden dado y rellene con champán.
3 Decore con la espiral de limón.

dama afortunada

1 medida de calvados
1 medida de néctar de pera
o ½ medida de licor de pera
1 rodaja de pera madura
y firme
champán frío

PARA 1 PERSONA

Los sabores a pera y a manzana otorgan un aroma tan afrutado a este cóctel que, si lo desea, puede emplear vino blanco espumoso en lugar de champán como base.

1 Vierta el calvados y el néctar de pera en una flauta bien fría con la rodaja de pera.
2 Rellene con el champán.

sherry punch de bombay

1 botella de brandy fría
1 botella de jerez fría
1 medida de marrasquino
1 medida de curaçao
2 botellas de champán o vino
blanco espumoso, bien frías
soda fría
cubitos de hielo grandes
(prepárelos con fruta
en su interior)
fruta, para decorar

Un combinado poco frecuente que animará
sus fiestas. Dilúyalo al gusto.

1 Mezcle los cuatro primeros ingredientes en
un recipiente grande.
2 Añada el vino y la soda al gusto. El hielo y la
fruta se deben agregar en el último minuto.

PARA 16 PERSONAS

seda salvaje

½ medida de nata líquida
½ medida de frambuesas
1 medida de framboise o de
jarabe de frambuesa
un poco de hielo triturado
champán helado

PARA 1 PERSONA

Un cóctel descaradamente afrutado, coronado por un mar de burbujas, que requiere que el champán esté bien helado.

1 Reserve 2-3 frambuesas de buen aspecto.
2 Pase los tres primeros ingredientes con el hielo por la batidora hasta obtener un granizado.
3 Sirva en una flauta y rellene con champán. Decore con las frambuesas, que deben flotar sobre la superficie.

black velvet

cerveza tipo stout o
Guinness, fría
champán frío

PARA 1 PERSONA

Ni se le ocurra pensar que la cerveza estropea un buen champán: relájese y disfrute un largo y embriagador trago de este gran clásico.

1 Sirva, con cuidado para que no se derrame, cantidades iguales de las dos bebidas en una jarra de cerveza o un vaso tipo *highball*.

vientos alisios

1 medida de ginebra
½ medida de aguardiente
de cereza
½ medida de zumo de limón
1-2 golpes de jarabe de goma
½ cuchara de hielo triturado
champán frío
cerezas, para decorar

PARA 1 PERSONA

Ya soplen vientos fríos o cálidos, los combinados con champán se ajustan a cualquier ocasión, especialmente si son tan refrescantes y llenos de color como éste.

1 Agite con hielo todos los ingredientes menos el champán hasta que se condense agua en el exterior de la coctelera. Sirva en una flauta.
2 Rellene con champán y decore con cerezas frescas.

serpentina

½ medida de crema
de menta verde
hielo picado
1 tira o 1 espiral de piel
de lima
champán frío
1 cucharadita de ralladura
de lima

PARA 1 PERSONA

Como su nombre puede dar a entender, este combinado verde y burbujeante alberga secretos escondidos. No olvide enfriar el champán al menos dos horas antes de prepararlo.

1 Vierta la crema de menta en la base de una flauta junto con el hielo y la espiral de piel de lima.
2 Agregue el champán y espolvoree la ralladura de lima por encima.

montecarlo

½ medida de ginebra
¼ de medida de zumo
de limón
hielo
champán o vino blanco
espumoso
¼ de medida de crema
de menta
1 hoja de menta,
para decorar

PARA 1 PERSONA

En el mundo de la Fórmula 1 las victorias se celebran con champán, especialmente en Montecarlo, de ahí el nombre de este combinado.

1 Mezcle bien los dos primeros ingredientes con hielo hasta que se condense agua en el exterior del vaso mezclador.
2 Vierta en una flauta bien fría y rellene con champán.
3 Finalmente, deje gotear la crema de menta por encima del cóctel y decore con una hoja de menta.

príncipe de gales

1 medida de brandy
1 medida de madeira o
de moscatel
3 gotas de curaçao
2 gotas de angostura
hielo
champán frío
tiras finas de piel de naranja,
para decorar

PARA 1 PERSONA

No ingiera esta versión del clásico cóctel de champán demasiado deprisa ya que es muy fuerte.

1 Agite los cuatro primeros ingredientes con el hielo y sirva en una flauta bien fría.
2 Rellene con champán al gusto y decore con las tiras de piel de naranja.

long tall sally

¼ de medida de brandy
¼ de medida de vermut seco
¼ de medida de galliano
¼ de medida de licor
de mandarina
hielo
champán o vino blanco
espumoso

PARA 1 PERSONA

El nombre de la célebre canción de Little
Richard también designa a un fuerte cóctel
de champán con aroma a hierbas.

1 Mezcle los cuatro primeros ingredientes con
el hielo en un vaso mezclador y sirva en una
copa alta bien fría.
2 Rellene con el espumante.

kir royale

unas gotas de casis, o al gusto
½ medida de brandy
champán frío

PARA 1 PERSONA

Una mejora diabólica del clásico cóctel
de crema de casis y vino blanco.

1 Ponga el casis y el brandy en la base
de una flauta.
2 Rellene con champán al gusto.

james bond

1 terrón de azúcar
2 golpes de angostura
1 medida de vodka frío
champán frío

PARA 1 PERSONA

Aunque resulte sorprendente en un cóctel, esta vez no hay que agitar ni remover.

1 Humedezca el azúcar con la angostura y póngalo en una flauta bien fría.
2 Vierta el vodka y rellene con champán.

grape expectations

5-6 uvas blancas o tintas
hielo
1 golpe de licor de
mandarina
champán rosado o vino
espumoso, frío

PARA 1 PERSONA

Añadir las uvas en el último momento, pues de ese modo producen más burbujas, lo que agrega atractivo a la bebida.

1 Reserve dos uvas para la copa.
2 Chafe las uvas restantes en un cuenco pequeño hasta que obtenga zumo.
3 Añada el hielo y el licor, remueva bien y sirva en una copa bien fría.
4 Rellene con champán. Parta por la mitad y despepite las uvas reservadas, y añádalas a la copa.

mimosa

el zumo de 1 granadilla
½ medida de curaçao
naranja
hielo picado
champán frío
1 rodaja de carambola
y 1 tira de piel de
naranja, para decorar

PARA 1 PERSONA

El nombre de este cóctel deriva de su color,
que recuerda la atractiva tonalidad amarilla
de las mimosas en flor.

1 Vacíe la pulpa de la granadilla y pásela por
la batidora junto con el curaçao y un poco
de hielo hasta obtener un granizado.
2 Sirva en la base de una flauta y rellene
con el champán.
3 Decore con la fruta.

julepe espumoso

1 terrón de azúcar
2 ramitas de menta
vino blanco espumoso frío
fruta, para decorar

PARA 1 PERSONA

El vino espumoso es una bebida que se puede disfrutar en cualquier momento, y esta propuesta resulta especialmente refrescante.

1 Ponga el azúcar y una de las ramitas de menta majada en una flauta bien fría.
2 Añada el espumante, la otra ramita de menta y cualquier fruta de temporada.

ensueño

⅛ de medida de brandy
1 cucharadita de
marrasquino
1 cucharadita de curaçao
oscuro
1 cucharadita de angostura
hielo
champán o vino blanco
espumoso
1 cereza fresca,
para decorar

PARA 1 PERSONA

Basta con probar un sorbo de este combinado para empezar a soñar.

1 Mezcle los cuatro primeros ingredientes con el hielo, sirva en un vaso de cóctel y rellene con champán.
2 Decore con la cereza.

slammer de tequila

1 medida de tequila
blanco, frío
1 medida de zumo de
limón
vino espumoso frío

PARA 1 PERSONA

Los *slammers* o *shooters* son combinados en los que los ingredientes se mezclan directamente en el vaso, sin remover. Cubra el vaso con una mano para evitar que el líquido se derrame, golpéelo contra una mesa y ¡bébase el cóctel de un trago! Eso sí, asegúrese de que sus vasos sean resistentes.

1 Sirva el tequila y el zumo de limón en un vaso bien frío. Rellene con vino espumoso.
2 Cubra el vaso con la mano, golpéelo contra la mesa y beba.

sabrina

½ medida de ginebra
⅛ de medida de
aguardiente de albaricoque
½ medida de zumo
de naranja recién hecho
1 cucharadita de granadina
¼ de medida de Cinzano
hielo
vino espumoso dulce
rodajas de naranja
y limón, para decorar

PARA 1 PERSONA

Un cóctel perfecto para los amantes
de las bebidas dulces y afrutadas.

1 Agite los cinco primeros ingredientes
con hielo.
2 Sirva en un vaso alto y rellene con
el espumante.
3 Decore con las rodajas de naranja y limón.

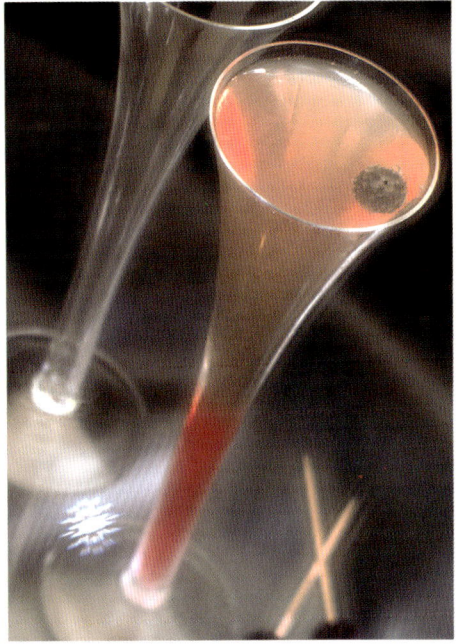

perla negra

1¾ de medida de coñac
¼ de medida de licor de
zarzamora
¼ de medida de zumo de limón
1 cucharadita de azúcar lustre
hielo
agua con gas o vino blanco
espumoso
grosellas o zarzamoras
congeladas, para decorar

PARA 1 PERSONA

El agua mineral con gas hace de este cóctel
una deliciosa bebida veraniega. Para ocasiones
especiales, emplee vino blanco espumoso.

1 Agite los cuatro primeros ingredientes con
el hielo hasta que se condense agua en el
exterior de la coctelera.
2 Sirva en una copa de cóctel alta bien fría
y rellene con el agua con gas o el vino
espumoso.
3 Decore con la fruta.

mula de terciopelo

1 medida de casis
1 medida de sambuca negra
2 medidas de vino de
jengibre
cola
soda o vino blanco espumoso

PARA 1 PERSONA

En este cóctel, la sorprendente mezcla de anís
y jengibre produce un efecto muy interesante,
especialmente cuando se combina con el
inconfundible sabor de la cola.

1 Mezcle los tres primeros ingredientes con el
hielo hasta que se condense agua en el exterior
del vaso mezclador.
2 Sirva en una flauta bien fría y rellene con
cantidades idénticas de cola y soda.

bengala naranja

⅔ de medida de brandy
⅓ de medida de licor
de naranja
⅓ de medida de zumo
de limón
hielo
Asti Spumante seco, helado

PARA 1 PERSONA

Sirva esta vistosa versión del clásico cóctel de
champán en cualquier celebración.

1 Agite los tres primeros ingredientes con hielo.
2 Sirva en una flauta bien fría y rellene con Asti
Spumante al gusto.

amarettine

⅛ de medida de amaretto
⅛ de medida de vermut seco
vino blanco espumoso

PARA 1 PERSONA

Puede utilizar cualquier vino blanco espumoso
y económico como base para este atractivo
cóctel. Emplee vino dulce si prefiere un
combinado dulce, o si no decídase por el seco.
Pero de antemano queda advertido: ¡este
cóctel no es inofensivo!

1 Mezcle el amaretto y el vermut en una copa
de cóctel alta y bien fría.
2 Rellene con vino al gusto.

ponche de san joaquín

1 cucharada de pasas o
ciruelas pasas picadas
6 cucharaditas de brandy
300 ml de vino blanco
espumoso
o champán
300 ml de zumo de arándanos
y uva blancos
hielo

PARA 4 PERSONAS

Un fabuloso ponche burbujeante, enriquecido con frutos secos remojados en brandy.

1 Ponga los frutos secos y el brandy en un cuenco pequeño y deje en remojo durante 1-2 horas.
2 En una jarra, mezcle el vino, el zumo y los frutos secos empapados en brandy.
3 Sirva en vasos llenos de hielo.

bruma de frambuesas

6 medidas de licor de miel
Irish Mist
450 g de frambuesas
1 copa de hielo triturado
4 botellas de vino blanco
espumoso, bien frías
24 frambuesas, para decorar

PARA 24 PERSONAS

La bebida perfecta para celebrar unas bodas de rubí.

1 Pase el licor y las frambuesas, junto con el hielo triturado, por la batidora.
2 Divida la mezcla entre 24 copas para champán anchas y rellene con el vino.
3 Decore cada copa con una frambuesa.

disco dancer

1 medida de crema de
plátano
1 medida de ron
unas gotas de angostura
hielo
vino blanco espumoso

PARA 1 PERSONA

La bebida perfecta para una noche de fiesta debe ser suave y larga.

1 Mezcle bien los tres primeros ingredientes con el hielo.
2 Sirva en un vaso tipo *highball* y rellene con vino espumoso al gusto.
3 Añada mucho hielo para alargar al cóctel y mantenerlo frío.

sorbete real

300 ml de vino blanco
espumoso
2 medidas de casis
1 medida de brandy
1 cuchara grande de hielo
picado
zarzamoras, para decorar

PARA 2 PERSONAS

Un cóctel que resulta perfecto para las grandes ocasiones en los calurosos días veraniegos, o para contemplar tranquilamente una puesta de sol.

1 Pase por la batidora la mitad del vino con el resto de los ingredientes hasta que la mezcla tenga una apariencia espumosa y granizada (vigile que no se derrame).
2 Vierta el resto del vino despacio y sirva en vasos altos y delgados, bien fríos.
3 Decore con unas cuantas zarzamoras.

shangri-la

½ medida de ginebra
¼ de medida de aguardiente
de albaricoque
½ medida de zumo de naranja
unas gotas de granadina
hielo
Asti Spumante seco u otro
espumante
rodajas de naranja y limón

PARA 1 PERSONA

Ésta es la mezcla idónea para animar cualquier espumante insulso, además de un combinado poco frecuente que puede preparar en grandes cantidades para una fiesta.

1 Mezcle los cuatro primeros ingredientes con hielo en un vaso tipo *highball* o en una copa de vino bien fríos.
2 Rellene con el vino espumoso y decore con la fruta.

ponche de sidra

500 ml de sidra seca
150 ml de coñac o brandy
150 ml de Cointreau
hielo
rodajas de manzana,
para decorar
300 ml de soda o dry ginger

PARA 10 PERSONAS

Este combinado resulta más suave de lo que parece. Además, puede añadir más soda o hielo a la base hasta obtener el sabor que desee.

1 Mezcle bien los tres primeros ingredientes y ponga a enfriar en la nevera hasta que vaya a servir.
2 Vierta la mezcla en un bol grande para ponches. Agregue el hielo, los rodajas de manzana y la soda o el dry ginger.
3 Sirva en tazas o copas pequeñas.

fizz de manzana

150 ml de sidra o
75 ml de zumo
de manzana con gas
1 medida de calvados
el zumo de ½ limón
1 cucharada de clara de huevo
1 pizca generosa de azúcar
hielo
rodajas de limón y de
manzana, para decorar

PARA 1 PERSONA

La sidra constituye una base excelente para diversos combinados espirituosos. Este cóctel no se puede preparar con antelación pero es ideal cuando se tiene muchos invitados. Añada un poco de sidra justo antes de servir para conseguir una efervescencia más notoria.

1 Agite los cinco primeros ingredientes con hielo y vierta de inmediato en un vaso tipo *highball*.
2 Decore con una rodaja de limón, de manzana o ambas. Agregue un poco más de sidra al servirlo.

fizz mexicano

2 medidas de tequila
½ medida de granadina
5-6 medidas de ginger
ale seco
hielo picado

El agrio sabor frutal del tequila no se aprecia bien cuando se toma puro, pero sale a relucir cuando se combina con otros ingredientes más dulces.

PARA 1 PERSONA

1 Agite el tequila, la granadina y la mitad del ginger ale con hielo hasta obtener un granizado.
2 Sirva en un vaso alto bien frío y rellene con ginger ale al gusto.
3 Bébalo con una pajita.

gotas de pera

1 medida de schnapps de pera
sidra de pera (perry) fría
1 rodaja de pera o 1 cereza,
para decorar

PARA 1 PERSONA

La pera confiere un sabor muy intenso que
recuerda al alcohol y, cuando se cocina, libera
todo su aroma. En este cóctel proporciona una
fragancia rica y embriagadora.

1 Vierta el schnapps en una flauta bien fría
y añada lentamente la sidra de pera.
2 Decore con una cereza.

cócteles con licor

panda

4-6 cubitos de hielo picados
1 medida de slivovitz
1 medida de aguardiente de
manzana
1 medida de ginebra
1 medida de zumo
de naranja
1 golpe de jarabe de azúcar

PARA 1 PERSONA

El slivovitz es un aguardiente incoloro de ciruela que por lo general se elabora con la variedad Mirabelle. Aunque se suele beber puro, también añade una ligera nota frutal a los cócteles. Si no dispone de él, sustitúyalo por aguardiente de albaricoque, melocotón o cereza, pero el cóctel no tendrá el mismo aspecto.

1 Ponga el hielo picado en una coctelera.
2 Agite enérgicamente el jarabe de azúcar, el slivovitz, el aguardiente de manzana, la ginebra y el zumo de naranja con el hielo hasta que se condense agua en el exterior de la coctelera.
3 Sirva en una copa de cóctel bien fría.

luna de miel

8-10 cubitos de hielo picados
4 medidas de aguardiente
de manzana
2 medidas de bénédictine
2 medidas de zumo de limón
2 cucharaditas de triple seco

PARA 2 PERSONAS

El viaje nupcial recibe ese nombre porque se supone que el primer mes de matrimonio debe ser dulce. Si busca una alternativa al champán después de la boda, comparta esta bebida con su pareja.

1 Ponga el hielo picado en una coctelera.
2 Agite enérgicamente el aguardiente, el bénédictine, el zumo de limón y el triple seco con el hielo hasta que se condense agua en el exterior de la coctelera.
3 Sirva en dos copas de cóctel bien frías.

verano indio

1 medida de vodka
2 medidas de Kahlúa
1 medida de ginebra
2 medidas de zumo de piña
hielo
tónica

PARA 1 PERSONA

El licor de café es el ingrediente clave de esta deliciosa mezcla, si bien puede prepararla también con crema de noyeau (licor de almendra) o con crema de cacao.

1 Agite bien los cuatro primeros ingredientes con el hielo hasta que se condense agua en el exterior de la coctelera.
2 Sirva en una copa de cóctel o de vino de tamaño medio y rellene con tónica al gusto.

en la vid

½ medida de aguardiente de
albaricoque
hielo
1 golpe de granadina
150 ml de vino blanco
o al gusto
soda
1 racimo pequeño de uvas,
para decorar

PARA 1 PERSONA

El vino que utilice en este cóctel puede cambiar
totalmente su carácter. Puede optar por un
vino dulce o uno seco: la elección es suya.

1 Ponga el aguardiente y el hielo en una copa
de vino o una de cóctel.
2 Añada la granadina y después el vino.
3 Rellene con soda para alargar el combinado
y hacerlo más refrescante.
4 Decore la copa con uvas.

kokoloko

cacao en polvo
azúcar lustre
1 medida de crema de coco
1 medida de ron de coco
1 medida de crema de cacao
1 medida de leche
hielo

PARA 1 PERSONA

Para lograr un efecto espectacular en una fiesta, empape el borde del vaso con uno de los licores y escárchelo con una mezcla de cacao en polvo y azúcar lustre.

1 Empape el borde de un vaso con un poco de licor y escárchelo con cacao en polvo y azúcar. Ponga a secar.
2 Mezcle bien la crema de coco, el ron de coco, la crema de cacao y la leche. Llene de hielo el vaso escarchado y vierta el combinado.

millonario

⅔ de medida de aguardiente de albaricoque
⅔ de medida de sloe gin
⅔ de medida de ron jamaicano
1 golpe de granadina
el zumo de ½ limón o lima
hielo
unos arándanos, para decorar

PARA 1 PERSONA

Existen numerosas versiones de este cóctel, que dependen sobre todo del contenido de su mueble bar.

1 Agite bien con el hielo todos los ingredientes menos los arándanos y sirva en una copa de cóctel llena de hielo.
2 Añada los arándanos justo antes de consumir.

saltamontes

2 medidas de crema
de menta verde
2 medidas de crema
de cacao blanca
2 medidas de nata líquida
4-6 cubitos de hielo picados

PARA 1 PERSONA

Los entendidos en la materia difieren cuando
se trata de enumerar los ingredientes básicos
de este combinado. Existen por lo menos tres
versiones originales e infinitas variaciones. Ésta
también se conoce como «La sorpresa del
saltamontes».

1 Agite todos los ingredientes con el hielo
hasta que se condense agua en el exterior
de la coctelera.
2 Sirva en una copa tulipa bien fría.

celos

Un combinado especial para beber después de una comida. Puede variarlo mezclando la nata con licores de sabores diversos.

1 cucharadita de crema de menta
1-2 cucharadas de nata espesa
2 medidas de licor de café o chocolate
hielo picado
bastoncillos de chocolate

PARA 1 PERSONA

1 Bata con delicadeza el licor de menta con la nata espesa.
2 Sirva el licor de café en vasos de cóctel muy pequeños bien fríos y agregue con cuidado la nata batida.
3 Acompañe con bastoncillos de chocolate.

el último tango

2-3 rodajas delgadas de
mango maduro
parcialmente congeladas
1½ medidas de Mandarine
Napoleón
½ medida de kirsch
hielo picado

PARA 1 PERSONA

Utilice rodajas de mango congeladas en lugar de
cubitos de hielo cuando prepare este cóctel. Son
deliciosas y su apariencia resulta muy atractiva.

1 Ponga a congelar las rodajas de mango con
40-50 minutos de antelación.
2 Agite bien los licores con el hielo hasta que
se condense agua en el exterior de la coctelera.
3 Sirva en una copa de cóctel bien fría y decore
con las rodajas de mango.

diamantes de menta

1 cucharadita de crema
de menta verde
1 cucharada de agua fría
1 medida de crema de menta
blanca
2 medidas de schnapps
de manzana o pera
hielo

PARA 1 PERSONA

Prepare estos sugestivos cubitos de hielo con
antelación y sáquelos del congelador justo antes
de servir el cóctel, pues se derriten casi de
inmediato.

1 Mezcle la crema de menta verde con el agua.
Prepare 1 o 2 cubitos de hielo verdes poniendo
la mezcla en el congelador durante 2 horas como
mínimo.
2 Remueva bien el resto de los licores con el
hielo hasta que se condense agua en el exterior
del vaso mezclador.
3 Sirva en una copa de cóctel bien fría y añada
los cubitos de hielo justo antes de consumir.
4 ¡No empiece a beber el cóctel hasta que el
hielo comience a derretirse!

dama nublada

½ medida de crema
de noyeau
½ medida de licor de café
½ medida de brandy
½ medida de zumo
de naranja
1 golpe de clara de huevo
1 golpe de granadina
nuez moscada rallada

PARA 1 PERSONA

El rosa brillante de la granadina se abre paso
entre los densos licores con tonos de nuez
para formar una atractiva capa en el fondo
de la copa.

1 Agite los cinco primeros ingredientes con
el hielo hasta que se condense agua en el
exterior de la coctelera.
2 Sirva en una copa de cóctel bien fría, añada
la granadina y decore con la nuez moscada
rallada.

puño de hierro

1 medida de licor de coco
1 medida de curaçao azul
½ medida de ron blanco
¼ de medida de zumo de piña
hielo picado
coco rallado, para decorar

PARA 1 PERSONA

Basta con beberlo muy despacio, y sus preocupaciones desaparecerán pronto...

1 Pase por la batidora los cinco primeros ingredientes hasta obtener una mezcla espumosa y granizada.
2 Sirva en una copa alta bien fría, agregue más hielo y decore con el coco rallado.

lluvia radiactiva

1 cucharadita de jarabe de frambuesa
¼ de medida de marrasquino
¼ de medida de chartreuse amarillo
¼ de medida de Cointreau
½ medida de curaçao azul bien helado

PARA 1 PERSONA

Este combinado es similar a un *pousse-café*, servir diversas capas de licores distintos, con la diferencia de que en este caso el licor más denso se añade el último y debe ser el más frío, para crear un espectacular efecto de goteo.

1 Enfríe bien todos los licores, sobre todo el curaçao azul, que debe colocar en la parte más fría del congelador. Ponga también un vaso tipo *shot* en la nevera.
2 Con cuidado y pulso firme, ayudándose con el dorso de una cucharilla, forme capas con todos los licores, salvo el curaçao azul.
3 Forme la última capa con el curaçao azul y espere la «lluvia radiactiva».

manzana de adán

4-6 cubitos de hielo picados
2 medidas de aguardiente de manzana
1 medida de ginebra
1 medida de vermut seco
1 golpe de chartreuse amarillo

PARA 1 PERSONA

Applejack para los norteamericanos, «calvados» para los franceses, o «aguardiente de manzana» como genérico: el nombre es lo de menos. Este licor proporciona a los cócteles un delicioso sabor frutal y un aroma tentador.

1 Ponga el hielo picado en una coctelera.
2 Remueva bien todos los ingredientes, junto con el hielo, en un vaso mezclador.
3 Sirva en una copa bien fría.

amanecer en méxico

1 medida de licor de coco
1 medida de tequila
1 cucharada de helado
de fresa
1 golpe de licor de fresa
1 golpe de jarabe
de tamarindo
1 lámina de coco fresco

PARA 1 PERSONA

De sabor cremoso y pleno, aderezado con ligeras notas de riesgo: precisamente como el país centroamericano.

1 Pase por la batidora todos los ingredientes, excepto el coco, a baja velocidad durante 10 segundos.
2 Sirva en una copa de cóctel bien fría y decore con una lámina de coco o con coco caramelizado y una varilla agitadora.

cóctel de plátano

1 medida de advocaat
1 medida de crema de plátano
1 plátano maduro
½ copa de hielo picado
soda

PARA 1 PERSONA

Este combinado resulta muy dulce, por lo que es muy importante aportar la dosis precisa de hielo y soda.

1 Pase por la batidora todos los ingredientes excepto la soda hasta obtener un granizado homogéneo.
2 Sirva en un vaso tipo *highball* bien frío y agregue soda al gusto.

jack frost

¾ de medida de curaçao azul
bien frío
azúcar lustre
1 medida de tequila frío
2 medidas de nata
líquida fría
½ taza de hielo picado

PARA 1 PERSONA

A pesar de su gélida apariencia y de su inusual
color azul, este delicioso cóctel le confortará
y reanimará.

1 Frote el borde de una copa de cóctel mediana
con curaçao y escárchelo con el azúcar.
2 Coloque la copa en un lugar frío y seco.
3 Agite bien el resto de los ingredientes y
el curaçao con el hielo hasta que se condense
agua en el exterior de la coctelera.
4 Sirva con cuidado en la copa escarchada.

ardilla rosada

4-6 cubitos de hielo picados
2 medidas de crema de
cacao oscura
1 medida de crema de
noyeau
1 medida de nata líquida

PARA 1 PERSONA

El licor francés crema de noyeau posee un sabor
delicioso, ligeramente amargo, que recuerda el
de la almendra. De hecho se elabora a base de
almendra y semillas de melocotón o albaricoque.
Aunque se suele beber solo, resulta muy
apropiado para preparar cócteles, pues combina
muy bien con ingredientes muy diversos.

1 Ponga el hielo picado en una coctelera.
2 Agite enérgicamente la crema de cacao, la
crema de noyeau y la nata líquida con el hielo
hasta que se condense agua en el exterior de
la coctelera.
3 Sirva en una copa de cóctel bien fría.

adán y eva

2 medidas de triple seco
1 medida de vodka
1 medida de zumo
de pomelo
1 medida de zumo de
arándanos
hielo
5-6 trozos de piña
2 cucharaditas de azúcar
lustre
hielo picado
1 rodaja de fresa,
para decorar

PARA 1 PERSONA

¡No espere encontrar manzanas en este combinado! Por debajo es ácido y astringente, pero dulce y suave por encima. ¡No busque aquí alusiones sexistas!

1 Agite los cuatro primeros ingredientes con el hielo hasta que se condense agua en el exterior de la coctelera.
2 Sirva en un vaso alto bien frío.
3 Pase por la batidora la piña, el azúcar y 1-2 cucharadas de hielo picado hasta que obtenga un granizado.
4 Agréguelo al vaso, por encima de la mezcla de licores.
5 Decore con la rodaja de fresa.

alud de lodo

4-6 cubitos de hielo picados
1½ medidas de Kahlúa
1½ medidas de Baileys
1½ medidas de vodka

PARA 1 PERSONA

Un nombre de mal agüero que no hace justicia a esta exquisita y cremosa bebida, adecuada para beberla en cualquier época del año.

1 Ponga el hielo picado en una coctelera.
2 Agite enérgicamente el Kahlúa, el Baileys y el vodka con el hielo hasta que se condense agua en el exterior de la coctelera.
3 Sirva en una copa de vino bien fría.

bola de nieve

1 medida de advocaat
1 golpe generoso de zumo
de limón recién exprimido
hielo
limonada
rodajas de naranja
y de limón, para decorar

PARA 1 PERSONA

Hay quien prefiere alargar el color amarillo de yema de huevo del advocaat con soda, tónica o zumo de limón.

1 Remueva el advocaat y el zumo de limón con el hielo en un vaso mezclador.
2 Sirva en un vaso tipo *highball* lleno de hielo y rellene con limonada al gusto.
3 Decore con las rodajas de naranja y de limón.

moonraker

4-6 cubitos de hielo picados
1 golpe de Pernod
1 medida de brandy
1 medida de aguardiente
de melocotón
1 medida de quina

PARA 1 PERSONA

Lo más probable es que esta potente mezcla ponga en órbita a quien la beba, aunque si exagera en la cantidad puede acabar queriendo robar la Luna.

1 Ponga el hielo picado en un vaso mezclador.
2 Remueva bien el Pernod, el brandy, el aguardiente de melocotón y la quina con el hielo en el vaso mezclador.
3 Sirva en un vaso tipo *highball* bien frío.

banshee

4-6 cubitos de hielo picados
2 medidas de crema
de plátano
1 medida de crema de cacao
1 medida de nata líquida

PARA 1 PERSONA

Numerosos cócteles reciben nombres de demo-
nios, fantasmas y otras criaturas sobrenaturales.
Parece poco probable que éste cóctel le vaya a
hacer llorar (excepto de alegría), pero tal vez
le ponga los pelos de punta.

1 Ponga el hielo picado en una coctelera.
2 Agite enérgicamente la crema de plátano,
la crema de cacao y la nata líquida con el hielo
hasta que se condense agua en el exterior
de la coctelera.
3 Sirva en una copa de vino bien fría.

la delicia del ángel

½ medida de granadina fría
½ medida de triple seco frío
½ medida de licor de
endrina frío
½ medida de nata líquida
fría

PARA 1 PERSONA

Este cóctel es una versión contemporánea
del *pousse-café* clásico, en el que las distintas
capas de licores no se mezclan. Si su pulso es
lo suficientemente firme, conseguirá un efecto
similar a un arco iris. Bébalo de un solo trago
o con lentitud.

1 Ponga la granadina en un vaso tipo *shot,*
un vaso tipo *pousse-café* o una flauta helados.
Luego, con pulso bien firme, agregue una
segunda capa con el triple seco.
2 Repita el procedimiento con el licor de
endrina y la nata líquida.

yankee doodle

1 medida de crema
de plátano
1 medida de coñac
1 medida de licor de
chocolate y menta
hielo

PARA 1 PERSONA

Sirva esta deliciosa pócima después de una cena
veraniega.

1 Agite bien todos los ingredientes con el hielo
hasta que se condense agua en el exterior de la
coctelera y sirva en una copa de cóctel pequeña.

remolinos y estrellas

1 medida de Malibú
½ medida de licor de fresa
o de frambuesa
1 cucharadita de
curaçao azul
hielo

PARA 1 PERSONA

Necesitará un pulso bien firme para preparar
este combinado… o, mejor dicho, dos pulsos
bien firmes.

1 Ponga a enfriar un vaso de chupito.
2 Cuando esté bien frío, agregue el Malibú
y un cubito de hielo.
3 Con cuidado y lentamente, sirva los otros dos
licores al mismo tiempo desde los dos lados del
vaso, para que los colores se mezclen y creen
remolinos.

brisa de coco

1 medida de licor de coco
½ medida de Drambuie
2 medidas de zumo
de papaya
cubitos de hielo
1 rodaja de lima

PARA 1 PERSONA

Se recomienda un licor transparente de coco
para preparar este cóctel, aunque también
puede emplear un licor cremoso si le resulta
imposible adquirir el primero.

1 Agite con el hielo todos los ingredientes
menos la lima hasta que se condense agua
en el exterior de la coctelera.
2 Sirva en un vaso bien frío y decore con
la rodaja de lima.

la diva del chocolate

4 onzas de chocolate con leche
de buena calidad, derretidas
1 medida de Grand Marnier
1 medida de vodka
1 medida de crema de cacao
1 cucharada de zumo de
naranja recién exprimido
pétalos de alguna flor
comestible (pensamiento,
rosa, capuchina, etc.),
para decorar

PARA 1 PERSONA

Los adictos al chocolate no podrán resistirse a esta extraordinaria combinación de alcohol y cacao, siempre y cuando se sirva bien fría.

1 Mezcle bien aunque con delicadeza el chocolate derretido con los licores y el zumo de naranja.
2 Sirva en una copa de cóctel bien fría y agregue unos pétalos de flores comestibles.

algodón de azúcar

1 medida de schnapps
de melocotón
1 medida de licor de plátano
1 medida de aguardiente
de albaricoque
1-2 medidas de zumo
de naranja
hielo
rodajas de plátano

PARA 1 PERSONA

El plátano se congela bien y resulta estupendo
para decorar los cócteles que llevan licor de
plátano. Córtelo en rodajas transversales o
en diagonal y congélelas brevemente.

1 Mezcle bien los cuatro primeros ingredientes
con hielo.
2 Sirva en un vaso lleno de hielo y decore con
unas rodajas de plátano, frescas o congeladas.

joya japonesa

4-5 uvas blancas
1-2 cucharaditas de clara
de huevo batida
azúcar lustre
1 medida de licor de melón
1 medida de ginebra
2 medidas de zumo de kiwi
hielo picado

PARA 1 PERSONA

La fruta azucarada es un extraordinario
elemento decorativo para los combinados.
Prepárela con antelación si planea utilizarla
en varias bebidas.

1 Elija las dos mejores uvas y báñelas en
el huevo y en el azúcar. Póngalas a secar.
2 Bata el resto de los ingredientes con el hielo
picado durante unos 10 segundos, hasta que
obtenga un granizado.
3 Sirva en una copa de cóctel mediana con
hielo y decore con las dos uvas azucaradas,
ensartadas en un palillo.

luisita

1 medida de curaçao azul
agua de cebada y limón
(lemon barley water)
unos golpes de zumo
de limón
hielo
tónica
rodajas de limón o de lima,
para decorar

PARA 1 PERSONA

Según su estado de ánimo puede emplear el curaçao azul, si está deprimido, o el naranja, si se siente alegre. El cambio no alterará el sabor de este combinado.

1 Sirva el curaçao, el agua de cebada y limón, y el zumo de limón en un vaso alto lleno de hielo.

2 Añada tónica al gusto y decore con unas rodajas de limón o de lima.

napoleón

1 medida de Mandarine
Napoleon
1 medida de aguardiente
de cereza
hielo
gaseosa

PARA 1 PERSONA

Dos intensos licores de fruta se combinan aquí para componer un espectacular cóctel largo.

1 Ponga los licores en un vaso tipo *highball* lleno de hielo.
2 Remueva suavemente y rellene poco a poco con gaseosa.

princesa

2 cucharaditas de nata
líquida fría
1 cucharadita de
azúcar lustre
2 medidas de aguardiente
de albaricoque bien frío

PARA 1 PERSONA

Numerosos cócteles han sido bautizados con el nombre de reinas y princesas, aunque éste no se refiere a ninguna en particular. Tal vez quien lo bebe se sienta como si perteneciera a la realeza.

1 Coloque la nata y el azúcar en un cuenco pequeño y remueva hasta que el azúcar se haya disuelto.
2 Ponga el aguardiente de albaricoque en un vaso pequeño bien frío. Utilice el dorso de una cuchara para formar con cuidado una capa de nata, de modo que flote.

bandera multicolor

½ medida de chartreuse
verde bien frío
½ medida de triple
seco bien frío
½ medida de aguardiente
de cereza bien frío
½ medida de crema de
violeta bien fría
½ medida de chartreuse
amarillo bien frío
½ medida de curaçao
azul bien frío
½ medida de brandy
bien frío

PARA 1 PERSONA

Aunque este cóctel se prepara con sólo media medida de cada licor, la receta incluye siete clases distintas, de modo que resulta muy potente. Después de haber degustado un par de ellos quizás no tenga fuerzas para seguir preparando más copas.

1 Sirva el chartreuse verde en una flauta bien fría. A continuación, con pulso firme, sirva cuidadosamente una segunda capa con el triple seco.
2 De manera similar, agregue el aguardiente de cereza, la crema de violeta, el chartreuse amarillo y el curaçao azul para obtener la tercera, cuarta, quinta y sexta capas.
3 Por último, añada una capa de brandy.

combinados sin alcohol

jersey lily

1 vaso de zumo de manzana
con gas
azúcar al gusto
1 golpe de angostura
cubitos de hielo
1 cereza marrasquino
y unas rodajas de manzana,
para decorar

PARA 1 PERSONA

Esta refrescante bebida recibe su nombre de Lillie Langtry (1852-1929), la bella actriz que iluminó la época eduardiana. Si el Príncipe de Gales (futuro rey Eduardo VII de Inglaterra), su amante más famoso, también lo disfrutó, no ha quedado registrado.

1 Mezcle el zumo con un poco de azúcar, añada la angostura y algunos cubitos de hielo, y remueva hasta que se condense agua en el exterior del vaso mezclador.
2 Sirva en una copa bien fría. Ensarte unas rodajitas de manzana en un palillo y deje caer la cereza hasta el fondo de la copa.

sour de manzana

4 medidas de zumo
de manzana
el zumo de 1 limón y 1 lima
1 medida de miel clara o
jarabe de azúcar
la clara de 1 huevo pequeño
hielo picado
4-5 frambuesas
1 tira larga de piel de
manzana, para decorar

PARA 1 PERSONA

Los zumos de lima y limón utilizados en este cóctel son los responsables de sus ligeros tonos ácidos, que quedan compensados por la dulzura de la miel y del zumo de manzana.

1 Pase por la batidora los cuatro primeros ingredientes con el hielo hasta obtener un granizado espumoso.
2 Ponga tres frambuesas en una copa alta bien fría, májelas con una cuchara de madera y agregue el granizado.
3 Decore con las frambuesas restantes y la piel de manzana.

el principito

4-6 cubitos de hielo picados
1 medida de zumo de
albaricoque
1 medida de zumo de limón
1 medida de zumo de
manzana con gas
1 espiral de cáscara
de limón

PARA 1 PERSONA

El zumo de manzana con gas es muy apreciado para la preparación de cócteles sin alcohol, ya que les añade sabor, color y burbujas. Utilícelo como sustituto del champán en las versiones sin alcohol de cócteles tales como el *Buck's Fizz*.

1 Remueva bien los zumos de albaricoque, limón y manzana con gas en un vaso mezclador, junto con el hielo.
2 Sirva en un vaso tipo *highball* bien frío y decore con la espiral de cáscara de limón.

babylove

300 ml de leche fría
12-14 fresas, lavadas
y sin rabito
½ aguacate maduro
1 medida de zumo de limón

PARA 2 PERSONAS

Tal vez necesite una cuchara para terminar de beber este cóctel, pues la cremosa textura del aguacate puede hacer que la mezcla resulte muy densa, sobre todo si agrega gran cantidad.

1 Reserve dos fresas. Pase por la batidora el resto de los ingredientes durante 15-20 segundos, hasta obtener una mezcla homogénea.
2 Sirva en dos copas o vasos altos bien fríos y decore con las fresas.

café con plátano

300 ml de leche
4 cucharadas de café
instantáneo
en polvo
150 g de helado de vainilla
2 plátanos cortados en
rodajas y congelados
azúcar moreno, al gusto

PARA 2 PERSONAS

El sabor del café hace que este cóctel tipo batido resulte más apropiado para los adultos. En días calurosos, resulta especialmente delicioso a media mañana.

1 Pase por la batidora la leche y el café instantáneo a baja velocidad hasta que se combinen bien.
2 Añada el helado en dos tandas y mézclelo todo bien.
3 Agregue el plátano y el azúcar y continúe batiendo hasta obtener una mezcla suave y homogénea.
4 Sirva la mezcla en dos copas y decore con rodajas de plátano.

zanahoria helada

500 ml de zumo
de zanahoria
30 g de berros
1 cucharada de zumo
de limón
ramitas de berros frescos,
para decorar

PARA 2 PERSONAS

Las zanahorias resultan muy dulces, especialmente si emplea zanahorias tiernas y crudas. Su sabor armoniza muy bien con el intenso gusto del berro.

1 Pase por la batidora el zumo de zanahoria.
2 Añada los berros y el zumo de limón hasta obtener una mezcla homogénea.
3 Vierta la mezcla en una jarra, tape con film transparente y ponga a enfriar en la nevera durante al menos 1 hora.
4 Sirva en 2 vasos y decore con las ramitas de berros. Sírvalos de inmediato.

cherry kiss

8 cubitos de hielo picados
2 cucharadas de jarabe
de cereza
500 ml de soda
2-3 golpes de zumo de lima
recién exprimido
cerezas marrasquino
insertadas en palillos
de cóctel

PARA 2 PERSONAS

Este combinado hipocalórico y sin alcohol es el acompañante perfecto para quienes están a dieta o simplemente no quieran ingerir alcohol.

1 Divida el hielo entre dos vasos y añada el jarabe de cereza a partes iguales.
2 Agregue el zumo de lima y rellene con la soda.
3 Decore con las cerezas y sirva.

té a la canela

400 ml de agua
4 clavos de especia
1 rama pequeña de canela
2 bolsitas de té
3-4 cucharadas de zumo
de limón
1-2 cucharadas de azúcar
moreno
rodajas de limón,
para decorar

PARA 2 PERSONAS

Si le gustan las infusiones, no podrá resistirse a este té especiado con aroma a limón.

1 Ponga el agua, los clavos y la canela en una cazuela y lleve a ebullición.
2 Retire del fuego y añada las bolsitas de té. Deje en remojo 5 minutos y retírelas.
3 Agregue el zumo de limón, el azúcar y más agua caliente al gusto.
4 Vuelva a calentar a fuego lento y sirva en vasos resistentes al calor.
5 Decore con rodajas de limón.

cocobella

3 medidas de leche fría
1 medida de crema de coco
2 bolas de helado de vainilla
3-4 cubitos de hielo
unos golpes de granadina
hojuelas de coco, tostadas,
para decorar

PARA 1 PERSONA

Si tiene un pulso firme podrá crear atractivos remolinos de color en los lados del vaso. ¡Los más jóvenes estarán encantados de ayudarle!

1 Pase por la batidora los cuatro primeros ingredientes hasta obtener una mezcla suave.
2 Ponga unos golpes de granadina en los lados de un vaso alto bien frío.
3 Vierta el batido lentamente, para que las figuras de color en los lados del vaso no se disuelvan de inmediato. Espolvoree con las hojuelas de coco tostadas.

slush de moca

4-6 cubitos de hielo picados
2 medidas de jarabe de café
1 medida de jarabe
de chocolate
4 medidas de leche
virutas de chocolate

PARA 1 PERSONA

Un sueño de chocolate exclusivo para los amantes del dulce que hará las delicias tanto de los adultos como de los niños.

1 Pase por la batidora el hielo, los dos jarabes y la leche hasta obtener una textura homogénea.
2 Sirva en una copa ancha bien fría y espolvoree con las virutas de chocolate.

ponche de arándanos

600 ml de zumo de arándanos
600 ml de zumo de naranja
150 ml de agua
½ cucharadita de jengibre
rallado
¼ de cucharadita de canela
¼ de cucharadita de nuez
moscada rallada
cubitos de hielo picados o
un bloque de hielo, opcional

Para decorar el ponche frío:
arándanos frescos
1 clara de huevo
ligeramente batida
azúcar lustre
ramitas de menta fresca

Para decorar el ponche
caliente:
rodajas de limón y
de naranja

PARA 10 PERSONAS

Un ponche sin alcohol muy sofisticado
que puede servirse muy frío o bien caliente.

1 Para un ponche frío prepare primero la decoración. Sumerja los arándanos en la clara de
huevo y a continuación rebócelos con el azúcar.
Déjelos sobre papel vegetal para que se sequen.
Haga lo mismo con las hojas de menta.
2 Ponga los zumo de arándanos y naranja, el
agua, el jengibre, la canela y la nuez moscada
en una cacerola y llévelo a ebullición. Baje la
temperatura y déjelo a fuego suave 5 minutos.
3 Si lo sirve caliente viértalo en una ponchera.
Decórelo con limón y naranja.
4 Para servirlo frío, déjelo enfriar y después
guárdelo en el frigorífico un mínimo de 2 horas.
Decórelo con los arándanos y las hojas de menta
escarchadas.

refresco de pomelo

50 g de menta fresca
2 medidas de jarabe de
azúcar
475 ml de zumo de pomelo
4 medidas de zumo de limón
hielo picado
agua mineral con gas
ramitas de menta fresca

PARA 6 PERSONAS

Esta refrescante bebida resulta perfecta para acompañar una barbacoa familiar. Prepárela al menos dos horas antes de consumirla, así la menta desplegará todo su aroma.

1 Triture la menta junto con el jarabe de azúcar en un cuenco pequeño.
2 Deje macerando durante al menos 2 horas, volviendo a majar la menta de vez en cuando.
3 Cuele la mezcla sobre una jarra. Añada los zumos de pomelo y de limón.
4 Tape la jarra con film transparente y póngala a enfriar en la nevera durante al menos 2 horas.
5 Para servir, llene de hielo seis vasos tipo *Collins* bien fríos.
6 Divida el cóctel entre los vasos y rellene con agua con gas.
7 Decore con las ramitas de menta.

sangría suave

1½ litros de zumo de uva roja
300 ml de zumo de naranja
3 medidas de zumo de arándanos
2 medidas de zumo de limón
2 medidas de zumo de lima
4 medidas de jarabe de azúcar
hielo
rodajas de limón, naranja y lima, para decorar

PARA 20 PERSONAS

He aquí una versión inocua de la célebre sangría española, cuya fuerza continúa pillando por sorpresa a tantos turistas despistados. Sin embargo, con esta variación no corre ningún riesgo de embriagarse, y resulta igualmente refrescante y sabrosa. Prepárela con todos los ingredientes bien fríos.

1 Ponga todos los zumos y el jarabe de azúcar en un bol para ponches bien frío y remueva bien.
2 Añada el hielo y las rodajas de cítricos.
3 Sirva en vasos bien fríos.

soda italiana

6-8 cubitos de hielo picados
1½ medidas de jarabe de
avellana
soda
1 rodaja de lima,
para decorar

PARA 1 PERSONA

En Italia se elaboran jarabes de una gran
variedad de frutas y frutos secos, que se
pueden adquirir en tiendas especializadas y
algunos supermercados. Los jarabes franceses
son de calidad similar. Sustituya el sabor de
avellana empleado aquí por su favorito, y varíe
las proporciones al gusto.

1 Llene un vaso tipo *Collins* con hielo picado.
2 Agregue el jarabe de avellana y rellene con
soda.
3 Remueva suavemente y decore con la rodaja
de lima.

lassi

150 ml de yogur natural
450 ml de leche
1 cucharada de agua
de rosas
3 cucharadas de miel
1 mango maduro, pelado y
cortado en dados
6 cubitos de hielo
pétalos de rosa (opcional),
para decorar

PARA 2 PERSONAS

Originalmente, el *Lassi* es una bebida de yogur especiada, algo agria pero de intenso sabor, procedente de la India. A partir de ésta puede crear numerosas combinaciones, todas ellas deliciosas.

1 Pase por la batidora el yogur y la leche hasta obtener una mezcla homogénea.
2 Añada el agua de rosas, la miel, el mango y el hielo, y continúe batiendo hasta que obtenga una textura suave.
3 Sirva en vasos bien fríos y decore con pétalos de rosa, si lo desea.

slush puppy

el zumo de 1 limón
o ½ pomelo rosa
½ medida de granadina
hielo
tiras de piel de limón
2-3 cucharaditas de jarabe
de frambuesa
soda
1 cereza marrasquino,
para decorar

PARA 1 PERSONA

Rosado, vistoso y refrescante: incluso después de consumir varias raciones de este combinado podrá conducir a casa tranquilamente.

1 Ponga el zumo de limón y la granadina en un vaso alto bien frío lleno de hielo.
2 Añada las tiras de piel de limón, el jarabe de frambuesa y la soda al gusto. Decore con la cereza.

domingo sobrio

1 medida de granadina
1 medida de zumo de limón
o de lima recién exprimido
hielo
gaseosa
rodajas de limón y lima,
para decorar

PARA 1 PERSONA

Una interesante versión sin alcohol, destinada a los abstemios o a aquellos que deban conducir.

1 Ponga la granadina y el zumo de limón o de lima en un vaso tipo *highball* lleno de hielo.
2 Rellene con gaseosa y decore con las rodajas de limón y lima.

shirley temple

Éste es uno de los cócteles clásicos sin alcohol más famosos que existen. Shirley Temple Black se convertiría en una reputada diplomática, pero el combinado data de los días en que era una niña prodigio del cine, durante la década de los treinta.

2 medidas de zumo de limón
½ medida de granadina
½ medida de jarabe de azúcar
ginger ale
hielo picado
1 rodaja de naranja
1 guinda

PARA 1 PERSONA

1 Agite enérgicamente el zumo de limón, la granadina y el jarabe de azúcar con hielo hasta que se condense agua en el exterior de la coctelera.
2 Sirva en un vaso pequeño y bien frío lleno de hielo hasta la mitad.
3 Rellene con ginger ale.
4 Decore con la rodaja de naranja y la guinda.

charco fangoso

el zumo de ½ limón
el zumo de ½ naranja
hielo picado
cola fría
1 rodaja de naranja, para
decorar

PARA 1 PERSONA

Aunque la apariencia de este combinado recuerda los experimentos (por lo general desastrosos) que llevan a cabo los niños mezclando bebidas, su delicioso y refrescante sabor le sorprenderá.

1 Ponga el zumo de limón y de naranja en un vaso alto lleno de hielo y rellene con cola helada.
2 Decore con la rodaja de naranja y bébase el cóctel con pajita.

limonada de frambuesa

2 limones
100 g de azúcar lustre
100 g de frambuesas frescas
unas gotas de esencia de
vainilla
hielo picado
soda bien fría
ramitas de toronjil,
para decorar

PARA 4 PERSONAS

Si le gusta la limonada tradicional, se enamorará de esta variación.

1 Corte las puntas de los limones, retire la pulpa, píquela y pásela por la batidora junto con el azúcar, las frambuesas, la vainilla y el hielo durante 2-3 minutos, hasta obtener una mezcla homogénea.
2 Sirva en vasos altos y rellene con hielo y soda. Decore con ramitas de toronjil.

delicia tropical

2 mangos maduros grandes
1 cucharada de azúcar
glasé
600 ml de leche de coco
5 cubitos de hielo
copos de coco tostado

PARA 4 PERSONAS

Una bebida aterciopelada y aromática sin una gota de alcohol, que puede tomarse a cualquier hora del día y es especialmente deliciosa durante el desayuno.

1 Pele los mangos, corte la pulpa en trozos y descarte los huesos.
2 Pase por la batidora la pulpa de mango y el azúcar hasta obtener una mezcla suave.
3 Añada la leche de coco y el hielo y repita el procedimiento hasta obtener una mezcla espumosa.
4 Sirva en 4 vasos altos y decore con el coco.

combinado de melón

4-6 cubitos de hielo picados
60 g de pulpa de melón
cortada en dados
4 medidas de zumo de
naranja
½ medida de zumo de limón

PARA 1 PERSONA

Cuando vaya a preparar este refrescante y
delicioso cóctel, que resultará perfecto en una
tarde calurosa, elija un melón bien maduro de
pulpa muy dulce (por ejemplo el cantaloupe).

1 Pase por la batidora el hielo, el melón, el
zumo de naranja y el zumo de limón hasta
obtener un granizado.
2 Sirva el cóctel en un vaso tipo *Collins* bien
frío.

refresco de menta y pepino

Beba este combinado la próxima vez que haga una dieta. ¡Es la ayuda perfecta para no pasar hambre!

ramitas de menta
1 cucharadita de azúcar lustre
el zumo de 1 lima
1 trozo de unos 2 cm de pepino, cortado en rodajas muy finas
soda, bien fría

PARA 1 PERSONA

1 Pique unas hojitas de menta y mézclelas con el azúcar.

2 Frote el borde de una copa de cóctel con el zumo de lima y escárchelo con la mezcla de azúcar y menta.

3 Mezcle el resto del zumo, el pepino y más menta (picada y entera) en un bol y ponga a enfriar.

4 Sirva la mezcla de lima y pepino en la copa y rellene con soda al gusto.

julepe jugoso

La palabra «julepe» se remonta etimológicamente al persa, y significa «agua de rosas». Todo parece indicar, pues, que siempre ha designado a una bebida no alcohólica, y que fueron los bebedores de bourbon quienes con el tiempo adulteraron el término, y no al revés.

1 medida de zumo de naranja
1 medida de zumo de piña
1 medida de zumo de lima
½ medida de jarabe de frambuesa
4 hojas de menta fresca trituradas
hielo picado
ginger ale
1 ramita de menta fresca

PARA 1 PERSONA

1 Agite los zumos de naranja, de piña y de lima, junto con el jarabe de frambuesa, la menta y el hielo hasta que se condense agua en el exterior de la coctelera.

2 Sirva en un vaso tipo *Collins* bien frío, rellene con ginger ale y remueva suavemente.

3 Decore con la ramita de menta.

refresco isleño

8-10 cubitos de hielo
picados
2 medidas de zumo de
naranja
1 medida de zumo de limón
1 medida de zumo de piña
1 medida de zumo
de papaya
½ cucharadita de granadina
cubitos de hielo picados
soda
trozos de piña y guindas,
para decorar

PARA 1 PERSONA

No hay nada más refrescante en los calurosos días del verano que esta coloreada combinación de zumos de frutas tropicales. Decórela con abundante fruta fresca.

1 Ponga 4-6 cubitos de hielo picados en una coctelera. Agite enérgicamente los zumos de naranja, limón, piña y papaya y la granadina con hielo hasta que se condense agua en el exterior de la coctelera.

2 Sirva en un vaso tipo *Collins* bien frío lleno hasta la mitad de hielo.

3 Rellene con soda y remueva con delicadeza.

4 Decore con la piña y las guindas.

fizz de cítricos

2 medidas de zumo de
naranja recién exprimido,
bien frío
azúcar lustre
unas gotas de angostura
1 chorrito de zumo de lima
2-3 medidas de agua con gas
bien fría

PARA 1 PERSONA

Este combinado es una refrescante e ingeniosa
variación del clásico *Buck's Fizz,* apta para
todas las edades.

1 Humedezca el borde de una flauta con
zumo de naranja y escárchelo con el azúcar.
2 Mezcle todos los zumos con la angostura
y sirva en la flauta escarchada.
3 Rellene con agua con gas al gusto.

cenizas

el zumo de ½ naranja
el zumo de 1 lima
150 ml de zumo de piña
unas gotas de angostura
hielo
soda o dry ginger, al gusto
rodajas de naranja y piña,
para decorar

PARA 1 PERSONA

Es cierto, este cóctel no lleva alcohol, pero nadie se percatará de ello si logra presentarlo bien.

1 Agite bien los cuatro primeros ingredientes con el hielo.
2 Sirva en un vaso bien frío y rellene con soda al gusto.
3 Decore con unas gotas de angostura y las rodajas de fruta.

dulce soñador

1 medida de zumo
de naranja
2 medidas de néctar o zumo
de granadilla
1 plátano pequeño
¼ de mango maduro
o de papaya
unas gotas de esencia de
vainilla
hielo picado

PARA 2 PERSONAS

Un combinado cremoso y espeso, lleno de fruta, perfecto para iniciar el día con buen pie o para despejar la atmósfera en una tarde cálida.

1 Pase por la batidora todos los ingredientes hasta obtener una mezcla homogénea y espumosa.
2 Sirva en copas de cóctel grandes.

batido californiano

1 plátano, pelado y cortado en rodajas finas
60 g de fresas
90 g de dátiles deshuesados
4 ½ cucharaditas de miel fluida
250 ml de zumo de naranja
4-6 cubitos de hielo picados

PARA 1 PERSONA

El secreto de un batido (con o sin alcohol) consiste en prepararlo a velocidad media en la batidora, hasta obtener una textura muy suave.

1 Pase por la batidora el plátano, las fresas, los dátiles y la miel hasta obtener una mezcla suave.

2 Añada el zumo de naranja y el hielo, y siga batiendo hasta que la textura sea suave y homogénea.

3 Sirva en un vaso tipo *Collins* bien frío.

ojo del huracán

4-6 cubitos de hielo picados
2 medidas de jarabe
de granadilla
1 medida de zumo de lima
bíter de limón
1 rodaja de limón,
para decorar

PARA 1 PERSONA

La enorme variedad de zumos y jarabes de
frutas disponible en el mercado hoy en día
resulta ideal para la preparación de cócteles sin
alcohol y ha permitido ampliar sus posibilida-
des, que hasta hace poco se limitaban a los
tradicionales zumos de naranja, limón y lima.

1 Ponga el jarabe de granadilla y el zumo
de lima en un vaso mezclador con el hielo.
2 Remueva bien y sirva en un vaso muy frío.
3 Rellene con el bíter de limón y decore
con la rodaja de limón.

batido de piña

125 ml de zumo de piña
el zumo de 1 limón
100 ml de agua
3 cucharadas de azúcar
moreno
175 ml de yogur natural
1 melocotón, troceado y
congelado
100 g de cubitos de piña
congelados
rodajas de piña fresca,
para decorar

PARA 2 PERSONAS

Esta popular bebida es el suave y delicioso resultado de combinar una fruta dulce y otra astringente. Quizá usted quiera crear sus propias variaciones.

1 Pase por la batidora todos los ingredientes menos las rodajas de piña hasta obtener una mezcla homogénea.
2 Sirva en 2 vasos y decore con las rodajas de piña.

angelina

2 medidas de zumo
de naranja
10 trozos de piña
unos cubitos de hielo
2 golpes de jarabe de
frambuesa o de fresa

PARA 1 PERSONA

No escatime cuando elabore este delicioso combinado: utilice piña envasada y prepare grandes cantidades para toda la familia.

1 Pase por la batidora los tres primeros ingredientes durante 10 segundos hasta obtener un granizado.
2 Ponga 1 golpe generoso del jarabe en un vaso alto bien frío y vierta el cóctel lentamente por encima.
3 Agregue 1 golpe adicional del jarabe de frambuesa y beba el combinado con pajita.

falso kir

1 medida de jarabe de
frambuesa bien frío
mosto blanco bien frío

PARA 1 PERSONA

Una versión sin alcohol del clásico cóctel de
vino francés, tan coloreada y deliciosa como
la original. Los jarabes de frutas franceses e
italianos son a menudo los de mejor calidad
y sabor más intenso.

1 Vierta el jarabe de frambuesa en una copa
de vino bien fría.
2 Rellene con el mosto.
3 Remueva bien.

pussyfoot rosa

1 medida de zumo de limón
1 medida de zumo de
naranja
2-3 fresas, trituradas
1 medida de fraise (jarabe
de fresa)
½ yema de huevo
1 golpe de granadina
hielo
1 rodaja de fresa,
para decorar

PARA 1 PERSONA

Un combinado delicioso también si se prepara
con frambuesas y licor de frambuesa.

1 Agite enérgicamente con el hielo todos
los ingredientes menos la rodaja de fresa.
2 Sirva en una copa de cóctel y decore
con la rodaja de fresa.

clam digger

10-12 cubitos de hielo
picados
salsa Worcestershire
tabasco
4 medidas de zumo de
tomate
4 medidas de zumo de
almejas
¼ de cucharadita de salsa
de rábano
sal de apio
pimienta negra recién
molida
1 rama de apio y 1 gajo de
lima, para decorar

PARA 1 PERSONA

Este cóctel resulta ideal para un almuerzo de domingo, un momento en el que apetece estimular el paladar pero una bebida alcohólica podría resultar demasiado soporífera y echar a perder el resto del día.

1 Ponga 4-6 cubitos de hielo picados en una coctelera. Agite enérgicamente la salsa Worcestershire, el tabasco, el zumo de tomate y el de almejas, y la salsa de rábano con el hielo hasta que se condense agua en el exterior de la coctelera.

2 Sirva en un vaso tipo *Collins* bien frío lleno de hielo.

3 Salpimiente al gusto y decore con la rama de apio y el gajo de lima.

bloody january

4-5 cubitos de hielo picados
1 pimiento rojo mediano, sin
semillas y picado grueso
2 tomates grandes pelados,
sin semillas y picados gruesos
1 guindilla verde fresca, sin
semillas
el zumo de 1 lima
sal y pimienta negra recién
molida
1 rama de apio, para decorar

PARA 1 PERSONA

Generalmente, los mejores cócteles sin alcohol
son originales y nada tienen que ver con
posibles e insulsas copias de sus parientes
tradicionales con alcohol. Esta versión no
alcohólica del Bloody Mary es una de las
excepciones y conserva el atractivo del cóctel
clásico.

1 Ponga los cubitos de hielo picados en una
batidora y añada el pimiento rojo, el tomate,
la guindilla y el zumo de lima. Bátalos hasta
que quede una mezcla suave.
2 Viértala en un vaso alto bien frío y salpimién-
tela al gusto. Decore el cóctel con una rama de
apio.

índice de cócteles